Quattro ascensioni e uno strano rituale

Breve viaggio fra le ascensioni devozionali
di alcune religioni abramitiche

Indice

Ringraziamenti

Dedico questo lavoro ai miei genitori quale modesto riconoscimento per non avermi mai fatto mancare il proprio sostegno.

Ringrazio il prof. E. Comba dell'Università di Torino per i preziosi consigli e la pazienza con la quale mi ha indirizzato nella ricerca.

Un doveroso ringraziamento va al prof. A.B. Yehoshua dell'Università di Haifa per aver tentato di agevolare la mia permanenza in Israele.

La mia gratitudine va inoltre a quanti hanno facilitato il mio lavoro mettendomi a disposizione fonti bibliografiche e iconografiche altrimenti difficilmente reperibili, in particolare: il dott. B. Kirby degli Irish Capuchin Archives di Dublino, il sig. G. Murray della Princeton Theological Seminary Library, il dott. D. van Romondt del Nationaal Archief dell'Aia, il sig. J. Eaker della Library of Congress di Washington, la sig.ra I. Dayan, del Government Press Office - Photography Department di Gerusalemme e il dott. M. Böhm dell'Österreichische Nationalbibliothek - Bildarchiv und Grafiksammlung di Vienna.

Sono infine riconoscente a tutte quelle persone incontrate nei periodi di *ricerca sul campo* la cui generosità disinteressata mi ha spesso aiutato a superare le difficoltà incontrate.

Scorcio del paese con la chiesa di san Giovanni e la cappella di sant'Antonio. Bessans - Savoia - Francia

Premessa

> Minds like Monty Bodkin's may not always work at express speed, but they are subject to the same subconscious processes as those of more brain-burdened men[1].
>
> P.G. WODEHOUSE

Non nego di provare un certo disagio nello scrivere questo breve capitolo introduttivo.

Ho cercato di procrastinare questo giorno più e più volte, accettando di buon grado (e spesso creando ad arte) le più inconsistenti giustificazioni. Ho mentito a me stesso anteponendo via via ogni sorta d'impegno, invariabilmente *dipinto* come impellente o inderogabile, ben sapendo che comunque, prima o poi, avrei dovuto fare i conti con queste temute poche righe.

Buona parte dell'imbarazzo è legata al momento nel quale sto scrivendo e al titolo quasi obbligatorio, evocatore di propositi di ricerca e rigore metodologico, che *suona* inevitabilmente stonato.

E' passata da un pezzo, infatti, la fase nella quale i teneri germogli d'idee, che affioravano timidi nella mente, dovevano essere sorretti e coltivati con cura, mentre il periodo che pretenziosamente chiamo di *ricerca sul campo*, iniziato circa un anno fa, è terminato già da alcuni mesi...

I *germogli*, nutriti a dismisura da letture disordinate e avventure variamente memorabili, sono cresciuti rapidi e caotici, talvolta soffocandosi a vicenda e creando un intrico tale da far tremare le vene ai polsi al più valente dei *giardinieri*.

I libri si accumulano disordinati su ogni ripiano, eterogenei documenti informatici *intasano* la memoria del personal computer, una mole impressionante di fotografie e riprese video aspetta di essere vagliata, appunti e schizzi di viaggio emergono da ogni taccuino e i vari resoconti etnografici languono desolatamente in uno stato di *bozza* perenne.

Ma ora non ho più scuse per cui, coraggio, si... *aprano le danze*!

***

... tutto ebbe inizio molti anni fa quando i miei occhi di bambino si soffermavano curiosi sulle suggestive immagini dei libri di geografia che affollavano la relativamente ricca biblioteca paterna. Luoghi remoti, costumi esotici e paesaggi grandiosi, resi nei saturi colori *Kodachrome*, sbrigliavano la mia immaginazione. Una di queste, ricordo, si stampò vivida nella mia mente pur essendo in un tetro bianco e nero: un'immagine confusa e sgranata dalla quale emergeva una fila interminabile di persone avvolte in cupe incerate, con i volti induriti dal freddo che, aggrappate a robusti bastoni e incuranti del tempo inclemente, s'inerpicavano lungo l'irto profilo di un monte che pareva non aver fine. La didascalia recitava: «Pellegrini salgono sul Croagh Patrick. Co. Mayo, Éire».

Mi dicevo che un giorno o l'altro, chissà poi perché, mi sarebbe piaciuto *trovarmi* all'interno di quella fotografia. Eppure, nonostante i molti viaggi che la mia famiglia seppe offrire a noi bambini, quel puerile desiderio inespresso non fu soddisfatto.

Croagh Patrick - Pilgrims ascending, (per gentile concessione degli Irish Capuchin Archives di Dublino)[2]

Mi è capitato poi, più volte negli ultimi anni, di sfiorare quel rilievo ma o non era il periodo adatto o non ero nella giusta disposizione d'animo e così quel remoto proposito pareva ormai rassegnato a rimanere tale.

Poi, quasi per caso, forse sollecitato da quell'inappagato abitatore dell'inconscio, mi si presenta il *pretesto* di una ricerca: perché non cercare di capire cosa spingesse tutte quelle persone a trascinarsi su quelle scoscese pendici montane?

Il discorso però doveva ampliarsi, almeno di un poco, per non apparire troppo pretestuoso...

E' risaputo che molte altre genti, di svariate religioni, in innumerevoli altri luoghi, si erano ostinate a costruire santuari e sacelli in cima a montagne, più o meno, remote. Ma non potevo certo mettermi a classificarne lo sterminato numero e poi sapevo che il tema dei *monti sacri* era già stato ampiamente trattato e il mio contributo sarebbe stato ovviamente poco originale.

Ero colpito, più che altro, da quei raggruppamenti di persone, di sconosciuti, che *si davano appuntamento* in precisi momenti dell'anno e periodicamente si ostinavano ad arrampicarsi su questa o quella montagna accomunati dall'appartenenza ad una qualche fede religiosa e spinti da chissà quali motivazioni.

Anche stando così le cose, però, era comunque necessario restringere il campo: non avevo le competenze, le risorse e il tempo necessari per svolgere una tale ricerca.

Avrei potuto occuparmi delle *sole* religioni del libro, in fondo non erano poi molte, pensai ingenuamente!

E' utile rammentare che fino ad allora non avevo saputo che inventare una locuzione, innamorato più dal suono che dal significato criptico seppur vagamente evocativo: mi sarebbe piaciuto occuparmi delle... *ascensioni devozionali*!

Non mi piaceva forse viaggiare? Non mi ero rituffato negli studi per trovare nuovi stimoli? Allora forza!

Così iniziai a vagliare ipotesi, perlopiù brancolando fra le pagine di oscuri testi e perdendomi nei meandri della *rete*. Ogni suggestione si scontrava con la mia incompetenza e inesperienza e i miei limiti mi presentavano il conto a ogni tentativo di dare un impianto al lavoro: un periodo frustrante...

Poi scovai una concordanza fortuita e inaspettata: l'anno seguente, in Israele, nel giro di pochi giorni e nella medesima regione si sarebbero svolte due rilevanti ascensioni, una drusa e un'altra ebraica. A una prima occhiata mi sembravano entrambe legate a due *religioni del libro*, o perlomeno *abramitiche*, e tornare in Israele era un'ipotesi allettante.

La mia regione, poi, era ricca di monti e santuari verso i quali villeggianti e montanari amavano sciamare in occasione di feste e particolari ricorrenze: avrei certamente trovato *qualcosa* anche vicino a casa!

Il gioco era fatto: mi sarei occupato di quattro ascensioni, due afferenti la religione cristiana, una in Italia e un'altra in Irlanda, già quell'estate, complici le vacanze lavorative e nella primavera seguente avrei trovato il modo di effettuare una breve trasferta israeliana.

Il caso poi volle si aggiungesse un quinto *strano rituale*...

Arrivai persino a ipotizzare di suggerire una sorta di *morfologia dell'ascensione devozionale*, un po' come, in un passato non troppo lontano, diversi studiosi si proposero di fare (ben più degnamente) con la *fiaba*.

Era ovvio che sarebbe stato poco più che il gioco di un dilettante, la ricerca non avrebbe potuto che essere limitata a pochi esempi, compiuta sommariamente e tarata da deficit metodologici e dall'inesperienza...

Ma non era forse un'idea suggestiva?

Perché però ipotizzare un lavoro etnografico e non limitarsi a una comparazione basandosi sulla bibliografia esistente?

Purtroppo, relativamente alle due ascensioni israeliane non riuscivo a reperire che poco o nulla e se mai fosse esistito qualche scritto in arabo o in ebraico mi sarebbe comunque rimasto inaccessibile vista la mia pressoché completa ignoranza di tali lingue. L'ascensione irlandese, poi, la cui letteratura era tarata dall'essere, perlomeno la più 'antica', in gaelico, dimostrava di aver subito una rapida evoluzione negli ultimi tempi. Questi aspetti, la voglia di lasciare da parte i libri e documentare lo stato dell'arte, sebbene maldestramente, di persona si fecero via via strada.

Era deciso, avrei provato a descrivere quattro ascensioni devozionali, di diverse religioni abramitiche, *sperimentandole* di persona, per saggiarne lo stato attuale e poi, a tavolino, avrei provato brevemente a tracciarne l'evoluzione nel tempo. In conclusione, avrei tentato di delinearne gli elementi chiave per verificarne l'eventuale, o meno, concordanza e ricorrenza.

Ora non mi restava che partire.

Bessans, inizio estate 2018

[1] Le menti come quella di Monty Bodkin magari non lavorano a grande velocità, ma sono soggette agli stessi processi inconsci di quelle di uomini gravati dal peso di un cervello.
P.G. Wodehouse, *Aria di tempesta*, (*Heavy Weather*, H. Jenkins, London, 1933, p. 22, trad. it. L. Spagnol), U. Guanda, Parma, 1990, p. 37

[2] Collezione Fr. Angelus Healy OFM Cap. Digitalizzazione da negativo su lastra di vetro. Identificativo immagine: CA-PH-1-50

Meteora: monastero di Aghia Triada. Kalambaka - Tessaglia - Grecia

I *Movimenti* religiosi

Helena's panegyrist describes her as past eighty when she went to Jerusalem, but I have taken this as a pious exaggeration[1].

E. WAUGH

Fiumi d'inchiostro sono già stati versati sul tema del pellegrinaggio, pertanto, mi limiterò a stampigliare in merito qualche carattere qua e là...

Dacché la neoconvertita *imperatrice* Elena si mette alla ricerca[2] della Vera Croce (326-328 e.v.)[3], scovando cammin facendo altri luoghi sacri per la cristianità ed erigendovi adeguati sacelli[4], (che si andranno ad aggiungere a quanto già edificato dal figlio sul presunto luogo del Santo Sepolcro), si delinea, via via, un'articolata geografia religiosa e si può azzardare che con essa nasca il concetto cristiano di *Terrasanta* e di *pellegrinaggio*.

Dopo pochi anni (333-334 e.v.) l'*Anonyme de Bordeaux* scrivendo il resoconto del viaggio che dalla città francese lo condusse sino a Gerusalemme, l'*Itinerarium Burdigalense*, traccerà la prima delle molte vie di pellegrinaggio cristiano che di lì a poco avrebbero solcato l'Europa.

Concetti, quelli citati, pienamente assimilati già cinquant'anni dopo, se si scorrono le pagine del diario di viaggio della pellegrina Egeria (380-383 e.v.)[5].

Sebbene tali pellegrinaggi abbiano subito notevoli ridimensionamenti, alternati a repentini periodi di reviviscenza, a causa di ben note vicende storiche, non si sono mai interrotti del tutto. Non nuoce ricordare l'ardimentoso viaggio intrapreso nel 1219 da san Francesco per incontrare il sultano ayyubide al-Malik al-Kamil[6].

Nel corso del medioevo, l'innegabile disposizione cristiana a erigere santuari, sacelli, edicole o *semplici* croci sui luoghi ove fossero conservate le spoglie di santi venerati o se ne ricordassero particolari gesta, (ma anche il semplice soggiorno o passaggio), unita al crescente interesse verso il culto delle reliquie, ha fatto si che sul Vecchio Continente si stendesse una fitta rete di percorsi che univa i molti, citati, *nodi cultuali* e favoriva gli spostamenti dei devoti...[7]

Discorso analogo si potrebbe fare per l'islam sunnita che, per nulla incline al culto dei santi, ha concentrato queste *ierotropie*[8] verso pochi luoghi: l'*hajj* fra la Mecca e i Piani di Arafat, e in subordine la *ziyarah* (visita), alla tomba del Profeta alla Medina e ad al-Quds[9], mentre i fedeli del ramo sciita non disdegnano periodiche visite alla moschea di Alì a Najaf o di partecipare alla commemorazione di al-Husayn ibn Alì a Kerbala.

Fra gli Aleviti o i Bektashi, declinazioni più eterodosse dello sciismo, presenti fra Turchia ed Europa orientale, si venerano martiri e santi e si compiono pellegrinaggi verso i relativi sepolcri e santuari[10]. Fra questi vale la pena menzionare la visita al sepolcro del filosofo Gül Baba a Budapest, le ascensioni dell'Ajvatovica, nota anche come *piccolo hajj*, in Bosnia-Erzegovina, o quella al monte Tomorr in Albania. Quest'ultimo, sacro anche ai cristiani che ne raggiungono la vetta in occasione dell'*Assunta*[11].

Si potrebbe poi proseguire esaminando quanto accade all'interno dell'ebraismo e così via...

Ma non è lo scopo di questo lavoro.

Basilica della Natività (interno).
Betlemme - Territori dell'Autorità Nazionale Palestinese

Un gerosolimitano, compiuto l'hajj, ha decorato le pareti esterne della propria casa. Città Vecchia di Gerusalemme - Israele

Il caso, una particolare orografia, vicende storiche e un'infinità di altre motivazioni han fatto sì che alcune mete di pellegrinaggio venissero a *trovarsi* in luoghi elevati, la maggior parte dei quali, pensando ad Eliade, non si esiterebbe ad associare al concetto di *ierofania*[12, 13].

Romitaggi inaccessibili, erte impervie, cime silvane o brulle falesie pare abbiano, da tempo immemore, attratto l'uomo evocando un che di sacro vista l'eccezionalità della loro natura. Si può ipotizzare che su di esse gli uomini si siano sentiti più inclini alla trascendenza e l'ingenua considerazione che in cima a un monte si sarebbe più vicini alla divinità apparirebbe meno peregrina anche al più scettico *abitatore delle pianure* se solo decidesse di raggiungerne la vetta...

La fatica dell'ascesa, il silenzio dei luoghi attraversati, la grandiosità del paesaggio, il colore del cielo... riescono talvolta a distoglierci dalle cure quotidiane e a farci apparire le cose del mondo, quelle lasciate a valle, (non solo prospetticamente), meno *importanti*.

> Ma sedendo e mirando, interminati
> Spazi di là da quella, e sovrumani
> Silenzi, e profondissima quiete
> Io nel pensier mi fingo; ove per poco
> Il cor non si spaura. E come il vento
> Odo stormir tra queste piante, io quello
> Infinito silenzio a questa voce
> Vo comparando: e mi sovvien l'eterno[14]

Ovviamente mi occuperò di quei movimenti che hanno barattato parte della propria spontaneità con la possibilità di trasformarsi in piccoli (o grandi) eventi e che quindi da arbitrarie *operazioni* di singoli individui si sono trasformati, nel tempo, in modeste migrazioni a carattere periodico, dei *movimenti religiosi coordinati*, fratelli maggiori di processioni e circumambulazioni con le quali, si vedrà, avranno spesso a che fare.

Pellegrini cristiani sostano presso l'VIII stazione della *Via Dolorosa*, Città Vecchia di Gerusalemme - Israele

Ai giorni nostri, questa tipologia di pellegrinaggio, spesso di modesta entità, (se paragonata a quella che si sviluppa *in piano*), l'ascensione devozionale[15], è ancora assai praticata.

Ecco che, guardando a quanto accade in Italia, accanto ai Sacri Monti e ai Calvari post-tridentini, incastonati in luoghi che evocano i rilievi che furono teatro della passione e morte di Cristo, tutta una serie di *luoghi alti* [16, 17] sono stati *rispolverati* ed in quest'epoca post-secolarizzata attraggono frotte di pellegrini-per-un-giorno che all'aspetto religioso non disdegnano di accostare della sana attività all'aria aperta, una giornata di festa e, perché no, un allegro momento conviviale.

---

[1] Il panegirista di Elena la descrive come ultraottantenne quando si reca a Gerusalemme, io l'ho [sempre] considerata una pia esagerazione.

E. Waugh, *Helena*, Penguin Books, London, 2012, (Preface), [trad. it. dell'autore]

[2] ... and after it happed that Constantine his son remembered the victory of his father and sent to Helena his mother for to find the holy cross. Then Helena went in to Jerusalem and did to assemble all the wise men of the country...

Jacobus de Voragine [o da Varagine o da Varazze], W. Caxton [cura e traduzione di], *The Golden Legend (or Lives of the Saints as Englished by William Caxton)*, vol. III, J.M. Dent & Sons, London, 1900, p. 171

[3] When she arrived, she bade all the Jewish Rabbis of the whole land gather to meet her. Great was their fear. They suspected that she sought the wood of the cross, a secret which they had promised not to reveal even under torture, because it would mean the end of Jewish supremacy. When they met her, sure enough, she asked for the place of the crucifixion. When they would not tell, she ordered them all to be burned. Frightened, they delivered up Judas, their leader and instigator, saying that he could tell. She gave him his choice of telling or dying

by starvation. At first, he was obstinate, but six days of total abstinence from food brought him to terms, and on the seventh he promised. He was conducted to the place indicated, and in response to prayer. There was a sort of earthquake, and a perfume filled the air which converted Judas. There was a temple of Venus on the spot. This the queen had destroyed. Then Judas set to digging vigorously, and at the depth of twenty feet, found three crosses, which he brought to Helena. The true cross was tested by its causing a man to rise from the dead, or according to others, by healing a woman, or according to others, by finding the inscription of Pilate. After an exceedingly vigorous conversation between the devil and Judas, the latter was baptized and became Bishop Cyriacus

Then Helena set him hunting for the nails of the cross. He found them shining like gold and brought them to the queen, who departed, taking them and a portion of the wood of the cross. She brought the nails to Constantine, who put them on his bridle and helmet, or according to another account, two were used in this way, and one was thrown into the Adriatic Sea.

Eusebius of Caesarea, E. Cushing Richardson [traduzione e note di], *The Life of Constantine (the Great)*, in P. Schaff e H. Wace [a cura di], *Select Library of The Nicene and Post-Nicene Fathers of the Christian Church*, vol. I, Christian Literature Company, New York, 1890-1900, pp. 726-727

[4] For, without delay, she dedicated two churches to the God whom she adored, one at the grotto which had been the scene of the Savior's birth, the other on the mount of his ascension. For he who was "God with us" had submitted to be born even in a cave of the earth, and the place of his nativity was called Bethlehem by the Hebrews. Accordingly, the pious empress honored with rare memorials the scene of her travail who bore this heavenly child, and beautified the sacred cave with all possible splendor.

The emperor himself soon after testified his reverence for the spot by princely offerings and added to his mother's magnificence by costly presents of silver and gold, and embroidered hangings. And farther, the mother of the emperor raised a stately structure on the Mount of Olives also, in memory of his ascent to heaven who is the Savior of mankind, erecting a sacred church and temple on the very summit of the mount. And indeed, authentic history informs us that in this very cave the Savior imparted his secret revelations to his disciples. And here also the emperor testified his reverence for the King of kings, by diverse and costly offerings. Thus did Helena Augusta, the pious mother of a pious emperor, erect over the two mystic caverns these two noble and beautiful monuments of devotion, worthy of everlasting remembrance, to the honor of God her Savior, and as proofs of her holy zeal, receiving from her son the aid of his imperial power.

Ivi, p. 956

[5] *Peregrinatio Aetheriae*

[6] E poi che, per la sete del martirio.
Nella presenza del Soldan superba
Predicò Cristo, e gli altri che il seguiro,

D. Alighieri, *La Divina Commedia*, vol. III, Tip. dell'Oratorio di S. Francesco di Sales, Torino, 1873, (Paradiso XI, 100-102), p. 119

[7] F. Raphaèl, G. Herberich-Marx, *I pellegrinaggi*, in F. Lenoir, Y. Tardan-Masquelier [a cura di], *La religione*, vol. IV, UTET, Torino, 2001, pp. 405-411

[8] Movimenti *sacri*, [neologismo].

[9] *La santa*, (القدس), appellativo con cui è denominata Gerusalemme nei paesi di lingua araba.

[10] C. Mayeur-Jaquen, *I pellegrinaggi musulmani*, in F. Lenoir, Y. Tardan-Masquelier [a cura di], *La religione*, vol. IV, pp. 415-420

[11] I luoghi devozionali condivisi, non sono così infrequenti nell'Europa balcanica: nella sola Macedonia ne esistono svariati esempi, si veda in merito: https://eefc.org/post-folklorista/shared-shrines-in-macedonia/ (accesso: 21 Giugno 2017).

[12] M. Eliade, L.E. Sullivan, *Ierofania*, in M. Eliade [a cura di], *Enciclopedia delle religioni*, vol. IV, Marzorati-Jaca Book, Milano, 1997, pp. 312-316

[13]N. Spineto, *Le ierofanie*, in F. Lenoir, Y. Tardan-Masquelier [a cura di], *La religione*, vol. IV, pp. 181-184

[14]da *L'infinito* in G. Leopardi, *I canti*, U. Hoepli, Milano, 1900, p. 139

[15][Neolocuzione].

[16]«... l'Eterno è potente ne' luoghi alti.»
Salmi 93,4

[17] Due sono le radici semitiche indicanti il complesso di atti, di gesti, di riti e di idee che nel mondo semitico riguardano la consuetudine che noi possiamo avvicinare al pellegrinaggio: la radice *hag*, che indica il girare vorticosamente, il danzare, l'incedere ritmato proprio della danza e della processione; e quella *alah*, che indica piuttosto il salire, l'ascendere, il cammino verso una meta che sta in alto e il conseguir la quale è faticoso e al tempo stesso purificante. Il senso ultimo di quel che noi possiamo definir "pellegrinaggio", nel mondo semitico, è quello di raggiungere in un tempo festivo un santuario posto in un luogo eminente. [...] "Luoghi alti" che, secondo la tradizione biblica, sono anche i santuari degli *heloim* venerati dai *goim*, cioè dalle *nationes* straniere rispetto al popolo d'Israele.

F. Cardini, *Introduzione*, in A. Trezzini [a cura di], *San Pellegrino tra mito e storia. I luoghi di culto in Europa*, Gangemi Editore, Roma, 2009, p. 18

Santuario di santa Cristina in cima al monte omonimo. Ceres e Cantoira - Città Metropolitana di Torino - Italia

Cristianesimo (Chiesa Cattolica), Italia

II   Festa di santa Cristina

Coordinate geografiche dei luoghi citati nel diario etnografico (DD):
Località Trambiè. Cantoira (inizio del sentiero per il santuario): 45.340887, 7.383423
Cantoira: 45.342244, 7.381481
Ceres: 45.313341, 7.388875
Santuario di santa Cristina. Ceres e Cantoira: 45.313341, 7.388875

Ma come giunse, e fra le genti il vago
Lume rifulse di quel bel sembiante,
Ravvisar tosto la leggiadra imago
Del noto aspetto, e le bellezze sante
Di Lei, che pur cader vider nel Lago
Da gran peso aggravata, il giorno avante,
Ma come hor viva, e spiri, alto terrore
Maravigliando, à tutti ingombra il core[1].

M.T. Nozzolini

Santa Cristina

Le notizie biografiche su Cristina sono vaghe, frammentarie e, spesso, contraddittorie.

Sfiorando appena l'annosa diatriba fra archeologi[2], che a stento ne accettano i natali *fenici* ma che non hanno dubbi nell'indicare Bolsena come luogo del martirio e i papirologi[3] che, aggrappandosi a un vetusto lacerto in lingua greca[4], ostentano sicurezza nell'additare Tiro come città natale, mentre sono assai reticenti circa il sito del martirio, è possibile trarne un accettabile quadro complessivo...

Impronte di piedi che la tradizione vuole siano state lasciate dalla santa sulla pietra che, miracolosamente, invece di causarne l'affogamento, ne agevolò il ritorno a riva. Basilica di santa Cristina. Bolsena - Provincia di Viterbo

Non esistono maggiori certezze circa l'epoca nella quale la giovinetta visse e morì[3].

Riporterò quindi in maniera stringata alcuni dati, desumendoli, qua e là, da martirologi e dalla già citata *Legenda aurea*[5] soppesandone l'intrinseca tara e trascurando, perlopiù, di riportare quei riferimenti geografici e cronologici sui quali v'è poca chiarezza.

L'undicenne Cristina era una ragazzina di nobile lignaggio e di rara bellezza. Molti nobiluomini avrebbero desiderato averla in sposa ma il padre, Urbano, aveva in serbo per lei altri piani: si sarebbe conservata vergine per compiere sacrifici agli dèi.

Fu così rinchiusa in una torre, fra idoli d'oro e d'argento e servita da dodici ancelle.

But she, being inspired of the Holy Ghost, abhorred the sacrifice of the idols, and the incense that was delivered to her to do sacrifice with, she hid it in a window, and when her father came, the maidens and chamberers said to him: Thy daughter despiseth to offer to our gods, and saith that she is christian[6].

Nonostante ciò, il padre non si adirò ma, blandendola, tentò di convincerla a ravvedersi.

Cristina, per tutta risposta, ruppe gli idoli e ne distribuì i preziosi frammenti ai poveri.

Saputolo, il padre ordinò che fosse spogliata e percossa da dodici uomini sino che questi non si fossero stancati. Ma ciò non piegò l'indomita figliola al che Urbano decise di porla in catene e rinchiuderla in prigione. A nulla valsero le lacrime della madre nel tentativo di redimerla.

Allora Urbano deliberò che fosse punita per la sua blasfemia.

La giovane subì inenarrabili supplizi eppure non cedette. Il padre ordinò quindi che le fosse appesa al collo una pesante pietra e fosse gettata in *mare* ma, non appena ciò fu attuato, degli angeli accorsero a salvarla e Cristo stesso discese dal cielo e la battezzò.

Impotente di fronte a tale *stregoneria*, Urbano non poté che rinchiuderla nuovamente in carcere col proposito di farla decapitare il giorno seguente ma quella notte stessa egli morì.

Il giudice Dione s'incaricò allora di portare a termine il lavoro nella maniera più efferata ma, sorretta dalla fede e protetta da Dio, Cristina resistette a ogni crudeltà tanto che anche quest'ultimo ne morì.

Gli succedette allora Giuliano che pensò bene, fra l'altro, di rinchiudere la fanciulla in una fornace ardente dove, manco a dirlo, «she abode five days with angels, singing and walking unhurt,

Christina von Bolsena, Heilige, autore anonimo, (particolare), (per gentile concessione dell'Österreichische Nationalbibliothek di Vienna)

21

and after issued out thereof safely without harm»[7].

Un altro supplizio si ritorse contro Giuliano al che anch'egli morì, ma Cristina lo riportò in vita...

Fu solo dopo altre tremende torture e dopo essere stata trafitta al cuore da alcune frecce che la santa rese l'anima a Dio. Era l'anno 247[?].

Cristina venne sepolta nel castello [avito?] di Bolsena.

Il *martirologio Geronimiano* commemora il 24 luglio *santa Cristina martire di Tyro* mentre quello *Romano* celebra, lo stesso giorno, il *dies natalis* di *Santa Cristina, martire nei pressi del lago di Bolsena.*

I motivi della diffusione del culto della santa in luoghi così lontani da quelli citati come le piemontesi valli di Lanzo restano oscuri.

Si narra della leggenda secondo la quale, in un passato indistinto, Cristina apparve a un giovane pastore di Cantoira insidiato da un branco di lupi soccorrendolo.

In seguito al fatto la stessa fonte[8] suggerisce che sul luogo del prodigio fosse poi costruito un imponente pilone votivo riccamente decorato. L'ampio frammento d'affresco[9], di buona fattura tardomedievale, raffigurante la Vergine e il Bambino in compagnia della santa, che ancor oggi campeggia su di una parete absidale del santuario, ne sarebbe una tangibile memoria.

Affresco attribuito al cosiddetto Maestro della confraternita di Lemie[10].
Santuario di santa Cristina. Ceres e Cantoira - Città Metropolitana di Torino

Monte di santa Cristina

Giungendo dalla bassa valle, il monte appare come la prua di una nave arenata fra la val d'Ala e la val Grande[11].

Il santuario omonimo, minuscolo manufatto umano su tale manifestazione naturale, ne rappresenta, se non proprio l'ornata polena, quantomeno un onesto *cassero di prora*.

Pur non essendo alta che 1340 metri, questa piccola montagna, data la forma e la posizione relativamente isolata, appare ancor più elevata e imponente.

Costituita sostanzialmente da strati di gneiss [albitici] con rari affioramenti di anfiboliti *granatiche*[12] è il primo rilievo di un modesto contrafforte che funge da displuvio fra i bacini idrografici *della*[13] Stura d'Ala e di quella di Valgrande, due torrenti immissari della Stura di Lanzo.

Le sue pendici più basse sono ricoperte da fitte faggete che si diradano solo con l'approssimarsi alla vetta dove cedono il posto a una vegetazione più rada a carattere prevalentemente arbustivo.

Non mancano, su di essa, le curiosità geologiche o i reperti d'interesse archeologico.

Sulla sommità, non lontano dal santuario, vi è una cavità naturale chiamata *lou roch dou mal [d'la] tèsta*[14] dove, secondo una tradizione locale, chi soffre di questo fastidioso malanno, incuneandovi il capo all'interno e sostando in tale posizione per qualche istante, riuscirebbe a trarne un qualche giovamento.

Vista satellitare del monte (o rupe) di santa Cristina incuneato fra la val d'Ala e la val Grande, (fonte: zoom.earth)

Lou roch dou mal [d'la] tèsta: la piccola *assistente* Rebecca mi mostra come *usare* la cavità posta nei pressi del santuario. Ceres e Cantoira - Città Metropolitana di Torino

Ai piedi del rilievo, non lontano dall'abitato, in località Rio Combin, si trova il *dolmen di Cantoira*.

A una delle molte leggende che narrano dell'intervento salvifico della santa a seguito dell'invocazione di un valligiano in difficoltà si deve la presunta prodigiosa comparsa dell'impronta del piede della celeste protettrice sulla roccia in un alpeggio del comune di Cantoira:

> Si narra che alcuni margari, nella bella stagione, erano saliti con il bestiame all'alpe di Monastero. Un giorno, parte di una mandria s'inerpicò sui *bauss* [...] gli animali non erano più in grado di scendere e rischiavano di sfracellarsi nel dirupo sottostante. Un margaro, disperato e impotente, invocò l'aiuto di santa Cristina. [Costui] ad un tratto scorse una giovane donna che, con un ramoscello d'ulivo sospingeva il bestiame [...] [fintantoché] tutta la mandria fu al sicuro.
>
> In seguito, lungo la mulattiera che da Cantoira sale a Vrù e poi agli alpeggi di Monastero, i montanari scoprirono un'orma impressa nella roccia, mentre su di un masso vicino comparve una vena di pietra bianca a raffigurare una candela. Non vi furono più dubbi: la martire era scesa con un balzo dalla sua rupe, appoggiando un piede sul sentiero, poi, con un altro balzo era salita sino all'alpeggio per soccorrere gli animali in difficoltà[15].

Da questo episodio leggendario traspare un chiaro riferimento alle analoghe impronte che la giovane martire avrebbe lasciato su di una roccia durante uno degli innumerevoli supplizi patiti durante la sua passione.

L'attuale santuario, posto sulla vetta del monte, è l'esito di svariati ampliamenti e rifacimenti di preesistenti costruzioni.

E' accertata la presenza di un piccolo edificio già verso la fine del Trecento.

Dolmen del Rio Combin. Cantoira - Città Metropolitana di Torino

Nel 1440 gli abitanti dei comuni di Ceres e Cantoira costruirono di comune accordo una modesta cappella che fu poi ingrandita nel XVI sec. e *costituita santuario* nel XVII sec.

Le due comunità se ne disputarono a lungo il possesso, finché alla fine i Cantoiresi non la *spuntarono*[16]. Nel 1840 l'amministrazione del santuario fece costruire attorno alla cappella e sulle pareti a picco della rupe due cerchie di un'imponente bastionata che, ancora oggi, conferiscono al complesso l'aspetto di una fortezza. Nel 1901 furono eseguiti altri ingenti interventi di restauro[17].

Oltre alla *fabbrica* del santuario il complesso comprende anche spazi ed edifici ad uso dei pellegrini.

Festa (cenni storici)

Dalla relazione della visita pastorale, compiuta nel 1769 dall'arcivescovo Luserna Rorengo dei Marchesi di Rorà, si apprende che il piccolo santuario alpino era amministrato da un unico *rettore,* che restava in carica un anno, mentre alcuni fedeli si occupavano delle elemosine, con tutta probabilità destinate alla manutenzione del complesso. L'organizzazione della *festa* era affidata a due *priori.*

Nello stesso documento si fa menzione della *processione* che il 24 luglio di ogni anno, in occasione della ricorrenza di santa Cristina, riuniva le popolazioni di Cantoira e delle vicine vallate in cima al monte.

Alcuni dei molti ex-voto presenti nel santuario di santa Cristina. Ceres e Cantoira - Città Metropolitana di Torino

In quella stessa occasione venivano *acquistate* dai devoti delle forme di pane benedette durante la messa (le *carità*). E' probabile che il ricavato di questa vendita fosse poi anch'esso destinato al mantenimento del santuario.

Nella visita pastorale del 1769 si trova conferma dei poteri attribuiti alla santa: si riporta, infatti, che in occasione di calamità pubbliche, ad esempio siccità, sterilità, epidemie, il popolo, con il clero, saliva in processione al santuario e che la pioggia era patrocinio della santa[20].

I numerosi ex-voto, i più antichi dei quali risalenti al XIX sec., testimoniano il fervore della devozione popolare.

Santa Cristina è spesso associata alla figura del serpente: nella storia del suo lungo martirio compaiono anche due vipere che avrebbero dovuto darle la morte ed invece lambirono i suoi piedi con le loro lingue. Ella è perciò ritenuta protettrice contro il morso dei serpenti ed è spesso effigiata con un rettile fra le mani. Particolarmente interessante, a questo proposito, appare un affresco su un pilone posto lungo l'antica via di collegamento tra Ceres e Cantoira, in cui la santa è rappresentata incoronata, con una vistosa collana al collo ed un'enorme serpe brandita dalla mano sinistra[21].

Dai primi anni del XX sec., i rettori sono quattro (due coppie di coniugi) e restano in carica circa tre anni, i priori, anch'essi quattro (due ragazzi e due ragazze), uno solo.

Oggi i festeggiamenti hanno luogo in due giorni: il sabato e la domenica più vicini al 24 luglio.

Il sabato avviene l'ascensione devozionale al santuario. I fedeli giungono sia dal versante di Cantoira sia da quello di Ceres. Dopo la messa, rettori e priori avviano l'incanto pro-santuario degli oggetti offerti dai fedeli, animato, poi, da un vivace *banditore*.

Il complesso del santuario (e parte della scalinata di 366 [o 365?] gradini) in una vecchia cartolina postale, (particolare)

La sera vengono accesi dei falò, di fronte alla chiesa e lungo i bastioni. Alla luce delle candele, incedendo in senso orario attorno all'edificio, al seguito dell'effige della santa, si dà il via ad una suggestiva processione. La serata termina con un breve spettacolo pirotecnico.

La domenica la festa si *sposta* in paese, (per consentire anche a chi non ha potuto compiere l'ascensione di esprimere la propria venerazione per la giovane santa, compatrona di Cantoira con i santi Pietro e Paolo). Durante la messa, officiata nella chiesa parrocchiale, al termine dell'eucaristia, otto *portantini* (quattro ragazzi e quattro ragazze) portano la statua della martire in processione, seguiti dai fedeli e dalla banda musicale, compiendo una circumambulazione in senso antiorario attorno alla chiesa.

Conclusa la funzione religiosa, ha luogo un altro incanto, simile a quello tenutosi il giorno precedente presso il santuario[18].

Segue il tradizionale ballo della *courenta*[19] (che negli ultimi tempi è riservato ai soli priori e portantini).

Nella *bella stagione* (e non solo), ascensioni analoghe sono piuttosto comuni lungo tutto l'arco alpino. Nelle torinesi valli di Lanzo sussistono con una concentrazione che ha pochi eguali: la *Festa di san Giacomo* (alla cappella della Consolata nel comune di Mezzenile, a 1089 metri di quota), la *Festa della Madonna del Ciavanis* (al santuario omonimo, detto del Ciavanis, nel comune di Chialamberto, a 1874 metri di quota), le feste *di san Domenico* e *della Madonna della neve* (al santuario e alla cappella, rispettivamente omonimi, ancora nel comune di Cantoira, a 1772 e 1030 metri di quota), la *Festa della Madonna della visitazione* (al santuario omonimo nel comune di Groscavallo, a 1452 metri di quota),...

Non basterebbe una pagina intera solo per elencarne le principali!

Il santuario di santa Cristina sulla cima del monte omonimo. Ceres e Cantoira - Città Metropolitana di Torino

Tutte corredate da messe, processioni, incanti, circumambulazioni rituali e mete svettanti al termine di lunghi e faticosi sentieri la cui ultima porzione è spesso rappresentata da irte scalinate, con 365, 366 o 444 gradini...

Diario etnografico

Sabato, 22 Luglio 2017

Uno dei sentieri che conducono al santuario parte in località Trambiè proprio all'inizio dell'abitato di Cantoira, arrivando dalla bassa valle[22].

Il monte si trova a meno di cinquanta chilometri dalla mia abitazione e poter raggiungere la zona in cui sorge comodamente in auto mi induce a mettermi in viaggio non propriamente di *buon mattino*...

Sono circa le dieci quando inizio l'ascesa.

Oltrepassata la Stura di Valgrande e raggiunta la faggeta ai piedi della rupe m'immagino d'esser solo, probabilmente l'ultimo ad essersi incamminato, quando, a una prima svolta del sentiero, m'imbatto in un gruppo famigliare che arranca. Ne saluto i componenti e passo oltre.

Nel mezzo del bosco mi accorgo di stare quasi correndo e decido di rallentare il passo. I sensi si distendono e si *allineano* al nuovo ambiente. Nel silenzio, fra lo stormire delle fronde, il vento mi porta frammenti di voci e gli occhi abituatisi alla penombra mi consentono di scorgere altri devoti che mi precedono lungo il sentiero.

Un tratto del sentiero che conduce al santuario di santa Cristina. Cantoira - Città Metropolitana di Torino

Un rumore ben più udibile e fastidioso è quello di un elicottero che pare ostinarsi a *ronzare* sulle nostre teste come un grosso insetto dispettoso[23].

Lungo il percorso si *snocciolano* come i bianchi grani di un rosario una serie di piloni votivi.

Finalmente esco dal fitto del bosco che sono circa le undici.

Il sentiero, se possibile, si fa ancora più ripido e si trasforma in una sgraziata scalinata fatta di blocchi di pietra appena sbozzati. Mentre arranco, un pellegrino che si trascina al mio fianco mi confida scherzosamente in piemontese – *L'han dime che sun tërzentsessantesinch, venta fidesse...*[24]

Il santuario di santa Cristina al termine dell'irta scalinata. Ceres e Cantoira - Città Metropolitana di Torino

Santuario di santa Cristina. Ceres e Cantoira - Città Metropolitana di Torino

Con mio rammarico, solo alla fine della *scalinata*, mi accorgo della presenza di un più agevole sentiero alternativo...

Il piccolo santuario compare all'improvviso seminascosto da possenti muraglioni e dall'ultima serie di gradini.

Un inaspettato praticello è gremito da una folla inverosimile. Decine di coperte e tovaglie sono stese sull'erba e altrettante magliette ad asciugare, (dal sudore procurato dall'ascesa), lungo il parapetto di pietra che cinge il complesso. Molti fedeli affollano il piccolo edificio religioso, altri stazionano sul modesto pronao e sugli scalini antistanti.

Messa all'interno del santuario di santa Cristina. Ceres e Cantoira - Città Metropolitana di Torino

La voce del celebrante giunge all'esterno grazie a un altoparlante.

Il caso vuole che proprio in cima a quella montagna m'imbatta nella mia collega Elisa: con il marito e i loro cinque figli: sono dei veri habitué della festa!

Averli incontrati è una fortuna: m'introducono allo storico locale, mi presentano il sacerdote... Neppure il banditore e qualche priore sfuggono alle reciproche presentazioni!

E' il momento del picnic collettivo. Dopo essermi inutilmente messo in coda per una razione dell'immancabile polenta *concia*, (finita anzitempo *per eccesso di devoti...*), mi aggrego alla famigliola, consolandomi con un modesto panino portato da casa.

Finito di pranzare, Rebecca, la piccolina di soli cinque anni, mi conduce al citato Roch dou mal [d'la] tèsta e me ne illustra il *funzionamento*.

E' la volta dell'*incanto*: prodotti alimentari del territorio (tome, insaccati, torcetti...) e dell'artigianato locale, offerti dai devoti (cantoiresi e villeggianti), sono messi all'asta. Il ricavato servirà per gli inevitabili lavori di manutenzione del santuario.

Il simpatico banditore sa il fatto suo e i vari *pezzi* vengono aggiudicati per cifre tutt'altro che irrilevanti. Gli offerenti paiono motivati non solo a contribuire al mantenimento del luogo sacro ma anche a *suggerire* pubblicamente la propria munificenza.

Terminato l'incanto, i più sgombrano l'area occupata per il picnic e si avviano verso valle.

Incanto al santuario di santa Cristina. Ceres e Cantoira - Città Metropolitana di Torino

Mi decido anch'io a ridiscendere. La collega m'invita a tornare l'indomani: la festa si trasferisce in paese per quanti non hanno potuto compiere l'ascensione e per altri motivi che scoprirò.

Un pranzo alla buona e poi sappi che ti toccherà *fare da giudice...* – mi dice sibillina congedandosi.

Dabbasso, nella serata incipiente, si scorge il chiarore dei falò illuminare la vetta del monte.

Domenica, 23 Luglio 2017

Un cantoirese torna a valle con una delle caratteristiche ceste locali (garbin) usata per portare al santuario i beni per l'incanto. Santuario di santa Cristina. Ceres e Cantoira - Città Metropolitana di Torino

Arrivo a Cantoira giusto in tempo per scorgere le confraternite in processione fare il loro ingresso nella parrocchiale accompagnate dalla banda musicale e da un nutrito numero di fedeli.

Durante la messa, al termine dei riti di comunione, il celebrante annuncia il criterio con cui formare il corteo che porterà in processione l'imponente statua lignea di santa Cristina – ... prima la musica, poi la santa seguita dal clero, subito dopo le varie confraternite e a chiudere... il popolo di Dio!

I musici attendono all'esterno della chiesa l'arrivo della statua, che giunge sorretta da otto portantini.

Il corteo si costituisce con l'ordine predetto e, a mano a mano che se ne ingrossano le fila, si avvia in processione compiendo una lenta circumambulazione in senso antiorario attorno all'edificio religioso, terminata la quale tutti i devoti rientrano in chiesa per concludere la celebrazione.

Statua di santa Cristina in processione fra le vie di Cantoira - Città Metropolitana di Torino

Terminata la messa, il parroco annuncia i nomi dei nuovi priori che resteranno in carica per tutto l'anno a venire e conferma per un altro anno ancora gli attuali rettori del santuario.

Negli ultimi tempi, visto lo spopolamento delle valli e l'avanzare dell'età media dei residenti non è infrequente che anche qualche affezionato villeggiante venga invitato a ricoprire le ambite cariche a dimostrazione della costante evoluzione e adattamento di questa festa che pur affonda le proprie radici in un passato assai remoto[25].

Priori e portantini della Festa di santa Cristina. Cantoira - Città Metropolitana di Torino

Esposizione delle opere realizzate dagli *artisti in erba ...* Cantoira - Città Metropolitana di Torino

Sul sagrato della chiesa ha luogo un altro incanto, simile a quello tenuto al santuario il giorno precedente.

Il clima è festoso e disteso.

Priori e portantini sono agghindati con abiti che richiamano quelli *della festa*, un tempo comuni in molte valli alpine, il cui modello probabilmente è stato desunto da qualche vecchia fotografia.

Anche qualche bambino sfoggia abiti ispirati a un'imprecisata *tradizione*.

Le celebrazioni terminano con il ballo della *courenta*, che ha luogo nel vicino campo di pallavolo.

E' ormai l'ora del pranzo e gli astanti fanno ritorno alle proprie case: la maggior parte metterà in tavola uno dei prodotti acquistati durante l'incanto!

Dal canto mio, dopo un pranzo in compagnia, in qualità d'insegnante d'arte mi toccherà... *giudicare* le colorate opere realizzate dai bambini dei miei simpatici ospiti in un'improvvisata *estemporanea* di pittura!

---

[1] M.T. Nozzolini, *Martirio di santa Cristina vergine*, Stamperia di Zanobi Pignoni, Firenze, 1628, p. 57

[2] SE LA CRISTINA DI BOLSENA E QUELLA DI TIRO SIENO DIVERSE OD UNA SOLA.

Le molte incertezze ed oscurità, che avviluppano ed ottenebrano la persona, la patria, gli atti della celeberrima martire venerata in Bolsena, tutte io qui ridurrò al semplice quesito prefisso in capo a questo articolo. E mi propongo di discuterlo in modo assai speditivo al lume degli odierni progressi della critica martirologica; e così porgere ad altri il filo conduttore nell'intricato labirinto.

La prima radice delle dubbiezze è nel martirologio più antico ed autorevole, appellato geronimiano; elio in tutti gli esemplari plenori ed in molti dei breviati e della loro numerosa sequela ai 24 di luglio, nel quale si festeggia la Cristina di Bolsena, di questa città non fa motto, ma segna: *in Tyro civitate sanctae Christinae Virginis*.

Beda, ignaro o dubbioso del luogo cui assegnare la Cristina del giorno citato, ne tacque l'annotazione geografica. Ciò è forte indizio, che le incertezze discusse dai moderni critici già verso la fine del secolo settimo e nella mente dell'agiografo inglese fossero nate; ovvero che nei fasti sacri da lui adoperati niuna nota di luogo fosse assegnata al natale della nostra Cristina.

D'altra parte, quasi nel tempo medesimo, ci si fa innanzi l'autore del martirologio chiamato romano piccolo. Egli primo di quanti oggi conosciamo ai 24 di luglio fece menzione di Bolsena scrivendo: *circa lacum Volsinium in Italia Christinae Virginis*. Nel secolo nono Adone, fedele all'adottato sistema di raccogliere le memorie diverse (talvolta anche contradittorie), che trovava registrate nei codici passionari e martirologici, congiunse in uno le note geografiche sopra trascritte; e ne fece la pretesa Tiro d'Italia presso il lago di Bolsena [...]

[...] le novelle scoperte sembrano invitarci a cercare i primi lineamenti antichi e sinceri. La loro narrazione, quale a noi è pervenuta, già esisteva nel secolo settimo e fu epilogata da Aldelmo contemporaneo e compatriota di Beda nel libro *de laudibus virginitatis*.

Anch'egli, come Beda, tace del luogo del martirio e della patria della santa. Il testo medesimo degli alti, dicendola martirizzata ai 24 di luglio, nel massimo numero dei codici antichi non dice ove il martirio e la sepoltura sieno avvenute. Solo in principio è scritto, che essa era *de Tyro*; ciò che indica la patria d'origine, non il luogo del martirio. Indi in qualche codice il titoletto premesso agli atti: *passio s. Christinae virginis ac martyris Christi quae passa est in provincia Tyro*. L'illegittima formola *in provincia Tyro* rivela l'incertezza del luogo preciso; La quale, sulla parola di lui e dei fidi seguaci suoi Notkero e tutta la progenie usuardina fino all'odierno martirologio romano, da molti fu ed è accettata e creduta altri l'hanno impugnata e rifiutata [...]

Più notabile è il medesimo silenzio nel calendario del codice greco di *Parigi n. 53* scritto circa il secolo decimo; che è stato riconosciuto di pertinenza della chiesa gerosolimitana e serbare molta impronta degli antichi fasti liturgici della Palestina, tanto legata con Tiro e con la Fenicia. Questa però era compresa nel patriarcato di Antiochia: i documenti dei calendari antiocheni oggi noti, della nostra Cristina non fanno motto. Di lei parimente tace l'antichissimo martirologio o menologio orientale, scoperto in un codice siriaco dell'anno 412. La festa adunque della grande martire ai 24 di luglio non venne dalla Siria a Costantinopoli; né dai Greci ai Latini.

Quella festa, ignota da età immemorabile ai Siri del patriarcato antiocheno, fu adottata in Costantinopoli e dai consorti e seguaci di sua liturgia non prima del secolo nono adulto o del decimo: mentre in tutti i martirologii latini e dell'Occidente, dai vetusti e laconici geronimiani ai più prolissi e di indole storica cominciati nel secolo ottavo, ampliati nel nono, la Cristina o di Tiro, o del lago Volsinio, o di Tiro presso il lago Volsinio è costantemente assegnata al giorno predetto [...]

Tutto in fine di nuova luce rischiara l'odierna scoperta in Bolsena delle reliquie e del primitivo sepolcro della martire quivi festeggiata al 24 di luglio. Le reliquie appartengono ad uno scheletro di età adolescente sotto gli anni quattordici: gli atti della verginella di Tiro, che consumò il martirio ai 24 di luglio, la dicono appunto undicenne. Conchiudo, che niun indizio fino ad oggi appare d'una Cristina martire in Tiro di Fenicia, nota prima del secolo nono ai Siri, ai Greci, all'Oriente [...]

La festa di Cristina ai 24 di luglio fu propria dei fasti sacri dell'Occidente: è strettamente connessa con gli atti del martirio della Cristina *sacra virgo de Tyro*, propri anch' essi dei passionari delle chiese occidentali: il culto di lei fu molto più antico presso i Latini che presso i Greci: l'odierna scoperta conferma la testimonianza del martirologio romano piccolo, il quale ne addita la memoria ed il sepolcro *apud lacum Volsinium*.

Fermati questi cardini, sarà difficile che torniamo alla ricerca d'una Cristina di Tiro in Fenicia diversa da quella di Bolsena [...]

Mi sono studiato di epilogare in brevi e chiare parole questioni lunghe, intricate, oscurissime. Spero avere additato la via ed agevolato il modo di loro soluzione: non pretendo però avere esaurito l'argomento e l'arduo trattato.

G.B. De Rossi *Il sepolcro della martire Cristina in Bolsena ed il suo cimitero*, in G.B. De Rossi [a cura di] *Bullettino di archeologia cristiana*, (serie terza - anno quinto), voll. III-IV, Salviucci, Roma, 1880, pp. 134-142

---

[3] ATTI DEL MARTIRIO DI S. CRISTINA.

[...]Il tempo del martirio di S. Cristina di Tiro è incerto, e anche sul luogo si è a lungo discusso. Petrus de Natalibus (VI. 130) poneva il martirio della Santa nel 287; il Mombrizio sotto l'imperatore Adriano (117-138); in un Fiorano del secolo XV è indicato l'anno 302, sotto gl'imperatori Diocleziano e Massimiano, e nel Menologio Slavo-Russo il regno di Severo. Il

Pennazzi (Vita e Martirio di S. Cristina, Montefiascone, 1725) basandosi sull'indicazione degli Atti latini che il martirio avvenne di Giovedì, credette di poter stabilire la data del 24 Luglio 290. Il P. Pinio Bollandista (Ada Sanctor. ad XXIV Iul.) lasciò la data nell'incertezza assoluta. Quanto al luogo, si formò la favola che la santa subisse il martirio in una Tiro d'Occidente, in Italia, presso il lago di Bolsena. E abbandonatasi poi quest'opinione, di cui esamineremo l'origine, non mancò chi continuasse anche recentemente a ritenere S. Cristina una martire Occidentale, come [...] G. B. De Rossi (Il sepolcro della Martire Cristina in Bolsena ed il suo Cimitero, in Nuovo Giornale Arcadico di Scienze, Lettere ed Arti, Serie III, Voi. II, Fase. V, Milano 1890). Il Martirologio Geronimiano al 24 di luglio segna: *In Tyro civitate Sanctae Christinae Virginis*. Primo l'autore del Martirologio Romano piccolo fece menzione di Bolsena: *Circa lacum Volsinium in Italia Christinae Virginis*. Nel sec. IX Adone (cfr. Pennazzi, op. cit. 442) congiunse in uno le due indicazioni geografiche e ne risultò la pretesa Tiro d' Italia! E sulla parola di Adone questa Tiro Italiana fu ammessa dal Notkero, dal Baronie (Ad Martyrol. Eom. XXIV Jul.), dal Fiorentini (Martyrol Occident. p. 680), dal Mazochi (Opusc. II, 197), dall'Orioli (Album di Roma XXIII, p. 165), dal Tarquini e da altri (cfr. De Rossi, op. cit. p. 24). Il De Rossi, pur rinunziando a credere a una Tiro d'Italia, come già il Pinio Bollandista, non rinunziò però, come ho già detto, a credere che il martirio avvenisse in Bolsena, notando che il testo degli Atti latini, di cui parleremo in seguito, nel maggior numero dei codici antichi non indica il luogo del martirio, ma solo quello di origine della Santa, in principio, dove si dice che essa era de Tyro. L'indicazione che si trova nel titolo premesso agli Atti («*quae passa est in civitate Tyro*»; in qualche codice «*in provincia Tyro*») sarebbe stata erroneamente desunta da quella del luogo di origine. Il De Rossi per sostener la sua tesi notava la mancanza di ogni testo greco del martirio della Santa, ignota prima del sec. IX ai Siri, ai Greci, all'Oriente. Quest'affermazione viene ora a cadere dopo la scoperta di questo testo greco antichissimo, dal quale gli Atti latini appariscono direttamente derivati. E non hanno più valore quindi le argomentazioni del De Rossi tratte dal fatto che la S. Cristina di Tiro non appare menzionata né nel Calendario marmoreo di Napoli, monumento dei fasti liturgici della Chiesa Napoletana sotto gli influssi dei Greci di Costantinopoli, né nel più antico Calendario Costantinopolitano, anteriore di quasi due secoli al Menologio Basiliano ed ai sinassarì volgati, né nel Calendario del Codice Parigino 53 (X sec.) di pertinenza della Chiesa Gerosolimitana, né nei documenti dei Calendari Antiocheni, né nell'antico Menologio Orientale in un codice Siriaco del 412.

Nulla ormai prova il silenzio dei fasti Orientali prima del IX secolo, come pure nulla prova il più antico culto attestato in Occidente dai Martirologi Geronimiani, dalle litanie Anglicane del sec. VII, e Gallicane dell'età Carolina, e Romane dei libri liturgici della famiglia Gregoriana, e dalla menzione di Aldelmo, contemporaneo di Beda, nel De laudibus virginitatis. Vuol dire che il culto della martire Orientale fu trasportato prestissimo in Occidente, se pur non si voglia ammettere, come altri han congetturato (vedi Assemani Kalend, VI, p. 496) una Cristina Occidentale, magari in Italia e proprio a Bolsena, oltre quella di Tiro, della quale le sarebbero stati però attribuiti gli Atti. Perciò non varrebbe opporre la scoperta delle reliquie di una Santa Cristina in Bolsena (v. De Rossi, op. cit. e la relazione dello Stevenson in Notizie degli scavi di antichità comunicate alla R. Accademia dei Lincei, Agosto 1880, p. 262-283).

In greco non si avevano fin qui che dei brevi elogi o la semplice menzione della Santa nei fasti editi e inediti. Fra i primi sono i Menaea magna Graecorum, il Synaxarium Basilianum, le Ephemerides Graeco-Moschae (cfr. Ada Sanctor. ad XXIV Iul.). Degli Atti latini c'è una raccolta quasi completa nell'opera citata del Pennazzi. I più antichi e importanti sono: A. Urbevetana, compilati circa il 1200 (Pennazzi, 269 sqq.), A. Liberiana (ib. 352 sqq.), A. Vallicelliana (ib. 364 sqq.). Importanti in qualche parte per il confronto col testo del papiro sono anche gli A. Mombritiana (ib. 378 sqq.); ma più gli si accostano gli Urbevetana e i Vallicelliana.

Che le redazioni latine derivino da una redazione greca non è dubbio. Basti citare il *qui mortuus est a Iudaeis* degli A. Urbev. (di cui il *qui occisus est a Iudaeis* dei Vallicell. è correzione stilistica), traduzione diretta del greco [...] nel nostro papiro [...]

Società italiana per la ricerca dei papiri greci e latini in Egitto [a cura di], *Papiri greci e latini*, I, n[i]. 1-112, Ariani, 1912, Firenze, pp. 57-59

[4]*Acta et Martyrium Christinae*, rotolo di papiro risalente al VI sec. rinvenuto a Ossirinco (Oxyrhynchus) in Egitto nei primi anni del XX sec.; denominato PSI I 27; conservato presso la Biblioteca Medicea Laurenziana di Firenze.

[5]Jacobus de Voragine [o da Varagine o da Varazze], W. Caxton [cura e traduzione di], *The Golden Legend (or Lives of the Saints as Englished by William Caxton)*, vol. IV, J.M. Dent & Sons, London, 1900, pp. 93-97

[6]

Ma essendo ispirata dallo Spirito Santo ella aborriva il sacrificio degli idoli e l'incenso, consegnatole per quello scopo, lei lo nascondeva in una *nicchia* [?]. All'arrivo del padre, le fanciulle e le ancelle gli dissero: tua figlia disprezza fare offerte ai nostri dei e dice di essere cristiana.

Ibidem, [trad. it. dell'autore]

[7]Lei vi dimorò cinque giorni con gli angeli, passeggiando e cantando, uscendone alfine illesa, senza alcun danno.

Ibidem, [trad. it. dell'autore]

[8]O. Favaro, *Storia della comunità e della parrocchia di Cantoira,* Società Storica delle Valli di Lanzo, Lanzo Torinese, 2007

[9]La data, 1514, malamente incisa sull'affresco farebbe pensare più all'epoca nella quale i resti del pilone sono stati inglobati in una prima arcaica cappella piuttosto che riferirsi al periodo di esecuzione dello stesso.

[10]C. Bertolotto, G.G. Massara, *Presenze pittoriche rinascimentali nelle valli di Lanzo. Cicli di affreschi a Lemie,* Società Storica delle Valli di Lanzo, Lanzo Torinese, 2015

[11]Oltre alla *valle di Lanzo* propriamente detta, (nella Città Metropolitana di Torino), lungo la quale scorre il fiume Stura (di Lanzo) e che convenzionalmente comprende una manciata di comuni a sud della cittadina da cui trae il nome, esistono le cosiddette *valli* di Lanzo. A settentrione della stessa, infatti, la valle principale si *triparte* nella valli *di Viù,* a partire dal comune di Traves, *d'Ala* e *Grande,* dal comune di Ceres. Completano l'insieme le più piccole valli del Tesso e del Tessuolo che traggono il nome dai brevi corsi d'acqua che le attraversano.

[12]A. Sismonda, *Osservazioni geologiche e mineralogiche [per servire alla formazione della Carta geologica del Piemonte] sopra i monti posti tra la valle d'Aosta e quella di Susa in Piemonte* [letta nell'adunanza accademica del 23 Aprile 1837], in Aa. Vv., *Memorie della Reale Accademia delle Scienze di Torino,* serie seconda, vol. I, Stamperia Reale, Torino, 1839, pp. 27-28

[13]E' consuetudine locale attribuire un genere ai corsi d'acqua, discostandosi dalla prassi che, trattando di fiumi, rii o torrenti, li vorrebbe indistintamente preceduti da articoli o preposizioni consone al genere dell'iperonimo, in questo caso maschile: ecco quindi *la* Stura, la Dora Baltea, la Dora Riparia...

[14]   Santa Cristina, nella tradizione popolare, stende la sua mano protettrice sui montanari e sulle loro attività lavorative. Innanzitutto ha il potere di guarire l'emicrania: all'inizio dell'ultimo tratto della scalinata adducente al santuario, giace, infatti, *lou roch dou mal tèsta,* un masso concavo il quale crea sul terreno sottostante un vano; si vuole che chi penetri in questa piccola grotta e vi si soffermi non soffrirà più di mal di capo.

A. Robetto, *Santa Cristina,* in «Lou bouletìn ëd Sérëss», Giugno 2013, p. 20

[15]*Ivi,* p. 21

[16]Leggenda vuole che, irritati per l'atteggiamento dei Ceresini, che trascuravano la cappella montana, i Cantoiresi, che avevano eletto la santa come loro compatrona, ne chiedessero il possesso esclusivo.

Per dirimere la lite, il giudice arbitrale chiamò in causa i rappresentanti delle due cittadine. Ceres delegò *il più furbo* del paese, Cantoira *il più sempliciotto.*

Qual era il motivo che induceva le rispettive comunità ad arrogarsene il possesso. Che cosa rappresentava la santa per quei valligiani? Domandò l'arbitro del dissidio.

[Santa Cristina] ... roccia nostra – rispose il furbo.

[Santa Cristina] ... avvocata (o patrona) nostra – disse il sempliciotto.

E così sia! – decretò il giudice.

Da quel giorno il monte (la roccia) è parte del territorio del comune di Ceres mentre il santuario è di proprietà del comune di Cantoira.

O. Favaro, *op. cit.*

[17]*Ibidem*

[18]M. Moscini, *Cristina di Bolsena. Culto e iconografia,* Agnesotti, Viterbo, 1986, pp. 103-104

[19]Ballo di coppia, tradizionale in diverse vallate alpine piemontesi, caratterizzato dalle rapide e vorticose evoluzioni dei ballerini, (come *di corsa*, appunto).

[20]A. Robetto, *Santa Cristina*, p. 21

[21]A. Robetto, *Leggende intorno al santuario di santa Cristina*, in «Lou bouletìn ëd Sérëss», Febbraio 2012, p. 27

[22]Altri sentieri, ugualmente frequentati si dipartono dal capoluogo e dal vicino comune di Ceres.

[23]Una volta in vetta scoprirò che, per l'occasione, è ormai una *tradizione* l'attivazione di un servizio di elitrasporto per un'ascesa rapida e prosaica... Il sacerdote impegnato nella celebrazione della messa al santuario fruirà di tale servizio, per ascendere e discendere dal monte.

[24][...] – Mi han detto che sono trecentosessantacinque [gradini], bisogna fidarsi...

[25] Analogamente, verso la fine del XX sec., si è pensato a un'ascensione notturna, da compiersi nel periodo invernale, rischiarata dalla luce di fiaccole e lanterne.

I recenti cambiamenti climatici e la scarsità delle precipitazioni nevose hanno però indotto le autorità civili ha vietarne l'attuazione per scongiurare possibili incendi boschivi. I devoti di santa Cristina non si sono persi d'animo e hanno sostituito le fiaccole con più sicure torce elettriche allontanando così il rischio che questa recente ascensione dovesse precocemente scomparire.

Negli stessi anni, negozianti e albergatori della zona hanno promosso un'ulteriore ascensione devozionale verso il santuario al termine della stagione estiva, ovvero in quel periodo dell'anno nel quale i loro *affari* rallentano e possono così concedersi qualche giorno di riposo prima dell'avvio della stagione invernale.

Campagna a ridosso della Clew Bay e Croagh Patrick seminascosto dalle nubi. Westport - Contea di Mayo - Irlanda

Cristianesimo (Chiesa Cattolica), Irlanda

III Reek Sunday

Coordinate geografiche dei luoghi citati nel diario etnografico (DD):
Dublino: 53.34981, -6.26031
Westport: 53.80213, -9.51435
Murrisk: 53.77835, -9.62986
Lecanvey: 53.77789, -9.69236
Kilsallagh: 54.12234, -9.60147
Boheh (Aughagower): 53.74768, -9.55398
Delphi: 53.63223, -9.74548
Clare Island: 53.80402, -9.99881
Achill Island: 53.95263, -10.08659

Croagh Patrick
- statua di san Patrizio, inizio sentiero: 53.77668, -9.63972
- Leacht Benain, prima stazione: 53.75897, -9.650223
- vetta, seconda stazione: 53.76004, -9.65954
- Roilig Mhuire, terza stazione: 53.75770, -9.66837

Ta fleadh mhôr i dteachnamnà-sidhe air bhàrr Cliruach-Phàdraic, anocht, – ar san Pûca, – agus ta mé do d' thabhairt ann le ceôl do seinm, agus glac m'ibcal go bhfuighidh tu luach do thrioblôide[1].

D. HYDE

Saint Patrick

Niall[2] avendo di nuovo radunate le sue forze, invase l'Armorica; e vi ebbe lo stesso genere di successo che aveva ottenuto nella Gran *Brettagna*, cioè quello della devastazione e del saccheggio. Era questo per lui, se non l'unico, almeno il principale scopo d'ogni guerra: l'idea d'attirare i Romani nella Gallia, per deviarli dalla Germania, entrava appena nel suo pensiero; né quella d'aiutare i Galli oppressi a spezzare il giogo della dominazione straniera poteva tampoco affacciarsi alla sua mente. Un grande risultato doveva però produrre tale invasione barbara del monarca irlandese nella *Brettagna* gallica.

Tra i tesori ed i captivi cui addusse nella sua isola v'era un fanciullo di sedici anni, figlio del diacono Calfurnio, nipote del prete Potito, e, per parte di sua madre Conchessa, pronipote di san Martino di Tours.

Questo giovinetto, tratto prigioniero in Irlanda con due sorelle, doveva mutar l'aspetto di quel paese, doveva vedere a suoi piedi lo scettro, il figlio ed i popoli del vincitore che lo caricava di catene...[3]

St. Patrick pray for your children [...], (particolare),
(per gentile concessione della Library of Congress di Washington)[10]

Il *giovinetto* in questione altri non è che Patrick, nato Maewyn (o Maewyin) Succat (*forte in battaglia*, in inglese arcaico)[4], nel 387[?] e.v. in un luogo imprecisato nei pressi dei confini settentrionali della Britannia Romana.

Figlio di Calpurnius (o Calpernius), decurione e diacono, (a sua volta figlio di Potitus o Otis, ordinato prete una volta rimasto vedovo) e Conchessa, (a sua volta figlia di Ocmius o Ocbasius e presunta pronipote di san Martino di Tours) entrambi cittadini romani, residenti sull'isola di Gran Bretagna[5].

Rapito mentre si trovava sulle terre della propria famiglia da Niall e subito rivenduto come schiavo, quando aveva un'età compresa fra i quattrodici e i sedici anni, dovette lavorare come pastore per circa sei anni sin quando non riuscì a fuggire. In quel periodo di cattività maturò la sua conversione al cristianesimo.

Ricongiuntosi con la

propria famiglia, dopo una fuga rocambolesca, poco più che ventenne, decise da subito di intraprendere gli studi teologici. Ebbe come maestro, fra gli altri, Germano da Auxerre.

Soggiornò molti anni in Francia, studiando in svariati conventi e seminari e quando il papa, Celestino I, inviato Palladius a convertire Scoti e Irlandesi pensò che anche Patrick, conoscendone la lingua e le usanze, potesse rappresentare un valido aiuto lo convocò a Roma.

Nel 432 Palladius morì e Patrick, consacrato vescovo, non senza difficoltà, non ultima la ferma opposizione dei propri famigliari, (che trovavano quantomeno poco opportuno un suo ritorno fra quanti l'avevano ridotto in schiavitù anni prima), approdò sull'*isola di smeraldo* nel mese di giugno.

Infaticabile, compì inenarrabili prodigi e innumerevoli guarigioni e la sua fama crebbe col passare degli anni. Originali invenzioni catechetiche, come l'accostare il trifoglio al concetto della Trinità, e la sua conoscenza della mitologia pagana ne agevolarono l'azione evangelizzatrice.

Consapevole però di non aver ancora pienamente condotto la gente d'Irlanda fuori dall'idolatria, decise di emulare Mosè:

> He had now for some years been witnessing the wonderful effects which God had produced through his ministry; he had, like Moses, although not yet perfectly and completely, led his people out of the house of bondage, and brought them near the promised land; it was now time to ascend the mountain, and learn still better from Divine Wisdom the laws wherewith to guide this people.
>
> St. Patrick, then, as we learn from his biographers, retired for a season, some *state* [said?] for the entire Lent, to a mountain in Connaught, variously called Cruachan Aichle, or Mount Eagle, or Croagh Patrick[6].

Si ritirò allora per quaranta giorni e quaranta notti, (per taluni proprio in occasione del periodo di Quaresima), di digiuno, studio e preghiera sulla sommità del Mount Eagle, nella baronia di Murrisk.

Al termine di tale periodo «all serpents and venomous reptiles were banished from Ireland[7]» sebbene alcuni commentatori più smaliziati asseriscano che l'isola ne fosse priva già prima dell'arrivo di Phádraig[8].

Durante l'ascesa e la permanenza sulla vetta dovette aver a che fare con svariati demoni, che sconfisse e scacciò.

Vale la pena ricordare la *lotta* condotta con la cosiddetta *madre del diavolo*, Caorthannach:

> The most popular legend [...] is the one which describes the saint overcoming a female fiend, often in serpent form. MacNeill, who found some forty versions of this legend, speculates that it might be responsible for the story that St Patrick banished the snakes from Ireland. Earliest versions of this legend describe not demon serpents but demon birds.
>
> The story continues with another Patrick demon episode at the Well of Tullaghan. MacNeill cites the 1836 Sligo Ordnance Survey letters for her account of the

legend[9]:

Questa ci introduce alla connessione, meritevole almeno d'essere sfiorata, fra Patrick e i *pozzi santi*, centrali nella religione celtica: luoghi multiformi, abitati da animali o creature prodigiose, ove compiere riti e gesti, non ultime le circumambulazioni, che tanta parte, si vedrà, hanno ancora oggi nella Reek Sunday.

Allo stesso pozzo, infatti, erano legate svariate altre credenze pagane, come ad esempio che fra le sue acque albergasse un sacro salmone che se catturato e mangiato si sarebbe rivisto il giorno seguente, vivo e vegeto, saltare allegramente sull'acqua.

L'opera proselitistica ed evangelizzatrice non conobbe soste: instancabile, Phádraig seppe armonizzare elementi precristiani con quelli della religione che andava diffondendo, (si pensi ad esempio all'innesto del simbolo della *croce solare* su quella latina da cui ebbe origine la *croce celtica*) e, sebbene spesso osteggiato, riuscì a fondare monasteri e abbazie in tutta l'isola.

Morì nel 461[?] e la leggenda vuole che il suo corpo adagiato su di un carro trainato da due buoi senza guida dovesse esser tumulato nel luogo in cui gli animali, una volta avviati, si fossero spontaneamente arrestati. Per questo motivo le sue presunte spoglie riposano nella cittadina di Down (Dun Lethglaisse), da allora Downpatrick.

Patrizio è venerato come santo dalla Chiesa cattolica e da quella ortodossa. Assieme a san Columba di Iona e a santa Brigida è il patrono d'Irlanda.

Non basterebbero cent'anni per analizzare la congerie di aneddoti, leggende, favole e canzoni sorta nel tempo attorno alla sua figura...

Graecia capta ferum victorem cepit...

Croagh Patrick

Noto per essere il *monte sacro* degli irlandesi, è poco più di una collina di soli 764 metri d'altezza. Annoverato a buona ragione fra le *hewitts* lo si ritrova, vista la spiccata prominenza, anche fra le *marilyns*[11] secondo il complesso sistema classificatorio dei rilievi in uso sulle isole britanniche.

Vista satellitare del monte, (fonte: zoom.earth)

Imponente e solitario, posto com'è nel bel mezzo di un territorio pianeggiante a ridosso dell'oceano, è ben visibile da Westport e da gran parte della contea di Mayo, sebbene di frequente la sua cima sia avvolta da spesse nubi. La sua ascesa rappresenta il cuore dell'annuale pellegrinaggio, che si tiene l'ultima domenica di luglio in onore di san Patrizio, nota come *Reek Sunday*.

Un geologo direbbe che esso è costituito, in buona sostanza, di quarzite[12] ma che a ben guardare, sulle sue pendici più basse, si dovrebbero scorgere anche aree ricche di peridotiti, trasformate dagli agenti atmosferici in rocce serpentine dal caratteristico colore verde.

Croagh Patrick in uno schizzo di W.B. Wilkinson, (per gentile concessione della British Library di Londra)[12]

43

In epoca precristiana era conosciuto con il nome di Cruachán Aigle (o Cruach Aigle), dall'etimologia incerta[13]. Appellativo che mantenne sino al XIV sec. quando assunse quello di Cruach Phádraig, anglicizzato nel XVI sec. nell'attuale Croagh Patrick, nonostante Patrick lo avesse scalato nel lontano 441[14].

Cruach Phádraig significa, in gaelico irlandese, «Pila (Catasta, Mucchio) di [san] Patrizio». Localmente, la montagna, è chiamata The Reek che in antico dialetto inglese irlandese[15] indicava ugualmente un pagliaio o una catasta.

Il cono solitario del monte, così isolato da altri rilievi, può aver affascinato gli abitanti della zona sin dai tempi più remoti e, benché *mi guardi bene* dal formulare ipotesi non suffragate da prove concrete, penso potrebbe non essere così azzardato supporre che questi vi abbiano scorto una silhouette e una localizzazione particolare e che, col tempo, possano averlo eletto come luogo adatto a ospitare sepolture o siti ed edifici in qualche modo legati alla dimensione del sacro.

In tal senso, infatti, sono molti i ritrovamenti, databili dal neolitico, rinvenuti sulla vetta e sulle sue pendici. Ai suoi piedi, l'arco di costa fra Murrisk e Westport ospita una tale concentrazione di siti preistorici da aver consentito la creazione di un vero e proprio parco archeologico.

La prima e la terza delle tre cosiddette *stazioni tradizionali*, legate al pellegrinaggio, sono ancora oggi antichi cairn (ovvero tumuli ricoperti di ciottoli sino a formare strutture dalla forma vagamente troncoconica).

Quella centrale, che ora coincide sostanzialmente con l'oratorio, ricostruito nel 1905, (ultimo di una serie che ha trovato posto sulla sommità sin dall'epoca altomedievale), era un tempo rappresentata da un più vasto cairn (il *mucchio* di ciottoli da cui il monte, intuitivamente, trae il nome)[16].

Clew Bay vista dalle pendici del Croagh Patrick. Murrisk - Contea di Mayo

Il monte è tradizionalmente associato a culti precristiani dei quali però non si hanno evidenze oggettive. Merita una menzione quello dedicato a Lugh, il dio del sole (fra l'altro) della mitologia celtica, e alla connessa Lughnasa, festa del raccolto, che in epoche remote avrebbe avuto luogo sulla sommità del rilievo; per alcuni, il ritrovamento della *Boheh Stone*[17], ne sarebbe una parziale conferma. Infatti, osservando il tramontare del sole dal luogo che ospita la stele, in determinati giorni, lo si vedrebbe come rotolare («*rolling sun*») sulle pendici settentrionali del monte.

Chi, a fatica, ne raggiunge la cima è ricompensato dall'incomparabile visione di gran parte della contea di Mayo: una brughiera sterminata costellata di laghetti e macchiata qua e là da torbiere e minuti villaggi, la valle di Delphi, la cittadina di Westport e la spettacolare Clew Bay con le sue leggendarie 365 isolette, rannicchiate al riparo delle più vaste Achill e Clare[18].

Reek Sunday: tante chiavi di lettura

L'azione di Patrick, per metà figura storica e per metà personaggio folklorico, simboleggiata dalla purificazione delle acque del pozzo di Tullaghan ben esemplifica quanto riassumibile nel termine gaelico *sain*, (approssimativamente 'rendere santo'), ovvero quell'insieme di azioni messe in atto dai santi per rimuovere le associazioni pagane da un luogo sacro precristiano.

Patrick, infatti, non vieterà l'accesso a questi siti, (popolati spesso da salmoni o altri animali, forme vestigiali di antiche divinità celtiche), ma li porrà, per così dire, sotto il controllo e la protezione della Chiesa, sottraendoli a fate e spiriti maligni e facendo si che, loro malgrado, alcuni dei riti ivi espletati potessero sopravvivere.

Croagh Patrick - Nearing the Cone, (per gentile concessione degli Irish Capuchin Archives di Dublino)[19]

Svariati esempi di questa pratica si riscontrano proprio durante la Reek Sunday e l'ascesa del Croagh Patrick: forse l'esempio più celebre di cristianizzazione di riti e siti legati a culti celtici e preceltici.

E' sufficiente osservare sommariamente il complesso *pattern rituale*[20] messo in atto dai devoti, il giorno nel quale si svolge la festa, i nomi con i quali essa è designata, la natura dei luoghi e degli antichi i manufatti che vengono visitati, per cogliere la complessità semantica dell'ascensione.

I riferimenti a Lughnasa, la festa celtica del raccolto associata a Lugh (riconducibile alla divinità pan-celtica Lugus), sono diversi così come il permanere di altri svariati aspetti ascrivibili ad una ritualità precristiana. Mi limiterò a elencarne i più evidenti.

La festa di Lughnasa era celebrata il primo giorno d'agosto, la Reek Sunday *cade* nell'ultima domenica di luglio.

Durante la festa pagana si celebrava il raccolto, erano offerti al dio i primi frutti e s'intrecciavano ghirlande, impreziosite da bacche e mele, da cui deriva l'altro nome con il quale è conosciuta la festa cristiana ovvero *Garland* Sunday.

Grandi raduni di persone, giochi, visite a pozzi santi erano consueti durante la festa precristiana, aspetti, questi, che si ritrovano in parte anche nella festa cristiana, la quale richiama tutti gli anni decine di migliaia di fedeli, che compiono circumambulazioni (in senso orario, *sunwise*) e altre svariate azioni legate tradizionalmente alle visite agli *holy wells*.

Lughnasa era celebrata sulla cima di monti e colline e quel giorno era invalsa l'abitudine di visitare le tombe degli antenati, e accendere fuochi. Analogamente in occasione della Reek Sunday si sale fin sulla vetta del Croagh Patrick, dove due delle tre stazioni tradizionali presenti lungo il percorso sono costituite da antichi tumuli (cairn) uno dei quali sarebbe la presunta tomba di Beneno, discepolo e successore di san Patrizio sulla cattedra di Armagh. Un tempo l'ascensione era notturna e la marcia era rischiarata da migliaia di torce.

Del rilevante aspetto penitenziale, connesso a fatica, privazioni e sofferenza[21], *marchio* caratteristico della festa cristiana non c'è invece traccia in quella pagana.

Fra i molti scritti di Beda il Venerabile, vissuto più di due secoli dopo Phádraig, questi non viene mai menzionato, gli immancabili detrattori arrivano ad affermare che sarebbe una figura inventata. Eppure, gli oggetti, i luoghi, le feste e le ricorrenze connessi con il santo esistono da svariati secoli, lo testimonia, ad esempio, la vetustà degli edifici religiosi che ne ospitano le reliquie.

Negli anni '90 (del XX sec.) una campagna di scavi compiuta sulla vetta del Croagh Patrick ha portato alla luce resti di edifici databili tra il V e X sec. che si ipotizza fossero rifugi per pellegrini[22]. Testi che riferiscono della montagna come luogo di pellegrinaggio risalgono al XIII sec.[23]. Nello stesso periodo gli annali irlandesi iniziano ad annotare il numero di devoti che perdono la vita compiendo l'ascensione.

Da una *bolla* pontificia del 27 Settembre 1432:

Diario etnografico

Venerdì, 28 Luglio 2017

Parto all'alba da Torino e atterro a Dublino verso le dieci, dopo uno scalo e una breve sosta a Monaco di Baviera.

Mi tocca poi recarmi alla stazione ferroviaria di Heuston poiché dall'aeroporto non vi sono autobus diretti a Westport e quelli in partenza per altre località della costa occidentale, come Sligo o Galway, non mi consentirebbero di arrivarvi in tempi ragionevoli.

Il clima è capriccioso come di consueto: nuvole basse e pesanti, scivolano pigre sotto un cielo lattiginoso e brevi scrosci di pioggia si alternano a timidi raggi di sole.

La stazione offre un sicuro riparo e accettabili soluzioni di ristoro. Il viaggio durerà diverse ore e l'arrivo sulla costa è previsto per il tardo pomeriggio. Non ho che vaghe idee sul mio futuro alloggio pertanto preferisco fare provvista di qualche genere di conforto. L'idea è di scovare la celebre Westport House (e non dovrebbe essere così difficile) e sistemarmi comodamente (ed economicamente) nel campeggio ricavato all'interno dell'annesso parco.

Dopo aver sbaraccato le mie masserizie e traslocato un paio di volte, reo di aver occupato posti incomprensibilmente prenotati, trovo finalmente una sistemazione stabile; dai finestrini del treno sfila il più classico esempio di paesaggio irlandese: modeste colline sulle quali brucano placide greggi e qualche esemplare bovino di tanto in tanto, giusto per rendere l'insieme più vario...

Muretti in pietra o semplici recinzioni in legno e filo spinato, solidi sostegni a teorie di ispidi roveti, cedono la scena a ordinate fattorie e modesti villaggi ma soprattutto acqua, molta acqua: dal cielo, sulla vegetazione china e cupa, a colmare stagni e laghetti e a scorrere in terra, scura e densa, in mille rivoli sino a formare fiumi ingannevolmente immoti.

Finalmente Westport, fine corsa.

Le cronache del 1905 riportano che l'arcivescovo di Tuam, J. Healy, per rinnovare la pratica dell'ascensione devozionale, che evidentemente stava vivendo un periodo di involuzione, decise di dare il via ai lavori per la ricostruzione della cappella sulla vetta del monte, (ancor oggi esistente), e fissare nell'ultima domenica di luglio la data della *festa*[25].

Uno scorcio del parco della Westport House. **Westport** - Contea di Mayo

Westport House non è poi così facile da trovare ma il tempo stranamente regge e fare qualche passo in più del previsto non è poi un gran problema.

Un bel prato accuratamente tosato, alberi secolari, ospiti discreti (sebbene con qualche rumoroso bambino di troppo...)[26] e... riuscire a montare la tenda giusto in tempo, prima che la pioggia riprenda con insistenza, mi mettono di buon umore!

Sabato, 29 Luglio 2017

Manco a dirlo, piove...

Almeno fa fresco – mi consolo pensando alle torride giornate estive italiane.

Con la scusa di perlustrare un poco la zona mi concedo un'abbondante colazione che si trasforma in *brunch* visto il protrarsi di una pioggia fitta e insistente.

A malincuore mi consegno agli elementi: alla pioggia si è aggiunto un vento teso che rende inutile ogni riparo. All'ufficio del turismo mi confermano quello che già sapevo: di domenica non ci sono mezzi pubblici che possano portarmi nei pressi del Croagh Patrick.

Poiché noleggiare un'auto non rientra fra le mie abitudini e Murrisk, la località dalla quale si diparte il sentiero tradizionale, dista una decina di chilometri da Westport, non mi resta che procurarmi una bicicletta. Mi assicuro che la cosa sia fattibile recandomi in un *noleggio bici*: quindici euro al giorno e – ... ma certo, anche di domenica! – mi conferma il noleggiatore.

Una guida turistica definirebbe Westport come «una ridente cittadina alla foce del fiume Carrowbeg». Il suo *porto*, oggi assai ridimensionato e limitato a pochi natanti, trova posto nel Quay, un bacino naturale comunicante con l'aperta Clew Bay.

Piccole imbarcazioni all'imbocco del Quay. Westport - Contea di Mayo

Attraversata dalla Wild Atlantic Way e dalla Great Western Greenway è una frequentata località di villeggiatura nota per i molti pub e ristoranti che insieme ai piatti della cucina locale offrono quella che viene invariabilmente definita come «musica tradizionale irlandese».

L'ultimo fine settimana di luglio, la cittadina ospita anche i numerosissimi devoti di san Patrizio decisi a celebrare degnamente l'annuale Reek Sunday con la tradizionale ascesa alla vetta del Croagh Patrick. Questi giungono dall'intera Irlanda e non sono pochi quelli provenienti dal Nord America, pronipoti di quei migranti che lasciarono l'*isola di smeraldo* nel XIX secolo per fuggire la *Great Famine (o Great Hunger)* sopravvivendo alla durezza delle cosiddette *Coffin Ships*.

La pioggia non dà tregua è non mi resta che procurarmi una sostanziosa razione di *fish and chips* da asporto e tornare al campeggio...

Le previsioni meteorologiche sono pessime anche per l'indomani; sui giornali locali e vari siti istituzionali[27] gli appelli alla prudenza e gli inviti tesi a dissuadere gli individui poco allenati o avanti con l'età dall'affrontare l'ascensione si fanno pressanti.

Domenica, 30 Luglio 2017

Ho dormito poco e male.

Piove e spira un vento decisamente freddo.

Preferisco vestirmi leggero per evitare di stare tutto il giorno con indosso pesanti abiti inzuppati, confidando che pedalata e scarpinata non mancheranno di riscaldarmi.

Con una certa euforia inforco la bicicletta e mi avventuro per le strade della cittadina già piuttosto animate. Con sollievo imbocco il tratto di *greenway* che costeggia la Clew Bay in direzione del villaggio di Murrisk.

The National Famine Monument. Murrisk - Contea di Mayo

Sono ormai circa le dieci e la ciclabile è deserta. Il vento si è placato e la pioggia si è fatta più leggera. Le isole sonnecchiano nella baia.

A mano a mano che mi avvicino a Murrisk la pista scompare, ingoiata dalle auto parcheggiate ovunque; molti pellegrini muniti di bordone scivolano nei due versi ai margini della strada. I prati della zona sono trasformati per l'occasione in parcheggi a pagamento.

Assicuro la bicicletta a uno stallo e imbocco il sentiero. Il monte è davanti a me, spoglio e imponente, aggredito da una torma di pellegrini arrancanti, eroso da una moltitudine di passi.

Sono circa le dieci e mezza e riprende a piovere con insistenza.

Alcuni chioschi e bancarelle offrono cibo e articoli religiosi. Ragazzi vendono approssimativi bastoni al prezzo di tre euro (che salirà a cinque per analoghi articoli proposti lungo le prime rampe della salita). Volontari di svariate associazioni cattoliche offrono tè caldo e informazioni sulle proprie iniziative. Alcuni chiedono timidamente qualche offerta.

A differenza di quanto si potrebbe pensare questi aspetti promozionali e commerciali non sono troppo stridenti con il contesto bensì sobri e discreti, in linea con un certo *understatement* generale.

All'inizio del sentiero vi è una statua di marmo bianco raffigurante san Patrizio. Pur non essendo una delle tre *stazioni* tradizionali alcuni pellegrini sono intenti nell'esecuzione di uno schema rituale che prevede preghiere e circumambulazioni. Per costoro, impossibilitati a salire sulla vetta per vari motivi, il pellegrinaggio è compiuto.

Circumambulazioni e preghiere attorno alla statua di san Patrizio all'inizio del sentiero. Murrisk - Contea di Mayo

Le guide turistiche quantificano fra le due ore e mezza e le quattro ore il tempo necessario per l'ascesa ad un marciatore mediamente in forma. Spero di riuscire a raggiungere la cima del Reek per l'una per assistere alla messa. (Vengo poi a sapere che l'arcivescovo di Tuam, Michael Neary, alla testa di un piccolo manipolo di porporati e semplici presbiteri, iniziata l'ascesa alle sette celebrerà messa alle undici in punto[28]!).

La prima parte della salita non è molto impervia, ma il *sentiero* è assai accidentato. Rivoli d'acqua scorrono a valle: nei tratti fangosi si affonda fino alla caviglia, su quelli rocciosi si scivola terribilmente...

Mi volto e mi accorgo della moltitudine che sale con me; quasi altrettanti, ben più mattinieri, stanno già discendendo.

E' difficile tracciare un sommario identikit del pellegrino: scorgo gruppi famigliari con bambini anche molto piccoli, coppie che se la prendono comoda, turisti che fotografano ogni sasso, gruppetti di ragazzini che fanno a gara su chi si sfianca per primo, sportivi, qualche sparuto *barefooter* fedele alla tradizione e persone che sembrano semplicemente portare a spasso il cane...

Ognuno con la propria, andatura ed equipaggiamento eppure quasi tutti paiono fortemente intenzionati a portare a termine *l'impresa*. Si legge serietà su molti dei volti dei miei compagni d'avventura e non è solo la *concentrazione* per evitare l'ennesima scivolata...

E' quasi mezzogiorno e un tratto in lieve discesa dà un illusorio sollievo. Di fronte a me il sentiero (se così si può chiamare l'incoerente pietraia che mi si para innanzi) sale piegando pigramente a destra, avvolgendo il cono del Croagh Patrick.

Alla base di quest'ultimo tratto si trova la prima *stazione*, un cairn di alcuni metri di diametro, noto col nome di Leacht Benain[29], dove alcuni pellegrini stanno attuando il pattern rituale accennato in precedenza e che si ripeterà variamente nelle altre due stazioni[30].

Circumambulazioni rituali e preghiere a Leacht Benain. Murrisk - Contea di Mayo

A mano a mano che salgo, assisto a frequenti operazioni delle efficienti squadre di soccorso dislocate lungo il cammino. In alcuni casi è necessario l'intervento di un elicottero che, non senza difficoltà, riesce ad atterrare sul terreno impervio e dissestato, reso ancora più instabile dalle frequenti folate di vento, e recuperare chi si è ferito seriamente ed è impossibilitato a proseguire[31].

At least 25,000 people took part in the 2017 Reek Sunday pilgrimage [...] Thirteen people were injured, three of whom were airlifted off the mountain[32].

Lo scenario si fa *biblico*: la pioggia incessante che cola sui volti dei devoti si mischia al fango degli abiti e al frequente sangue su mani e ginocchia *sbucciate*[33].

Un tratto impegnativo dell'ascesa. Murrisk - Contea di Mayo

Si scivola su sassi che sembrano fatti di sapone, si annaspa su ghiaia intrisa d'acqua, si cade e ci si rialza con un unico pensiero in testa: raggiungere la vetta. Qui più che altrove ognuno è solo con se stesso, non c'è più la forza per aiutare chi t'incespica accanto, al massimo uno sguardo, un sorriso, un cenno come a chiedere – ... tutto ok? – e poi tiri dritto per la tua strada.

Poi, inaspettata come il finale della *Montagna incantata,* compare la vetta col suo bianco oratorio e un gran numero di pellegrini, sull'ampia e brulla spianata.

E' da poco passata l'una. La pioggia cade copiosa ma non si vede un ombrello; le nuvole sono basse e solo a tratti si riesce a cogliere la vastità del paesaggio.

La moltitudine dei presenti è impegnata nelle più disparate attività: c'è chi assiste alla funzione religiosa, chi è in coda per confessarsi e chi per assicurarsi un tè o una minestra calda, (dispensati in un improvvisato chiosco per pochi euro). Altri compiono le rituali circumambulazioni intorno all'edificio, parte della seconda stazione del Reek, recitando le prescritte preghiere, seguiti buffamente da agnellini disorientati. Accanto al sito noto come *letto di san Patrizio,* cosparso di monete, bigliettini, bracciali e medagliette, molti s'inginocchiano e si trattengono alcuni minuti in raccoglimento.

La celebrazione della messa è in corso, l'ultima della giornata a essere officiata sulla vetta. Il sacerdote è posto all'interno di una bussola dalle pareti vetrate, giustapposta a ciò che si potrebbe (impropriamente) definire la parte absidale del minuscolo edificio religioso. Egli vi accede grazie ad una piccola porta posta al termine di una rampa di pochi gradini, esterna alla chiesa. Accanto all'officiante c'è un giovane prete o seminarista.

La voce del presbitero, catturata da un microfono e veicolata all'esterno da misteriosi impulsi elettrici, raggiunge i fedeli grazie a potenti altoparlanti. Il suono che ne esce però è ovattato dalle nubi e reso ondivago dalle frequenti folate di vento. I devoti partecipano, chi in piedi, chi in ginocchio, all'aperto.

Messa sulla vetta. Murrisk - Contea di Mayo

Quattro chiacchiere con Peter prima di ridiscendere. Murrisk - Contea di Mayo

Un numero esiguo di fedeli, oltrepassata la vetta verso occidente, raggiunge Roilig Mhuire, la terza stazione rappresentata da tre cairn, per completare il pellegrinaggio. Proseguendo lungo il sentiero, assai meno battuto, che scende verso Lecanvey e Kilsallagh vi è un *holy well,* un tempo anch'esso parte integrante del percorso devozionale[34].

Sono ormai le due e, terminata la messa, ho giusto il tempo di scambiare quattro chiacchiere con Peter, un passo avanti a me nella coda «Tea and Soup». La zuppa ribollente, servita in bicchieroni di cartone, è un trionfo di glutammato ma a suo modo corroborante. Tra un sorso e l'altro il mio interlocutore mi conferma di essere un abituale frequentatore del Reek.

Mi dice di non aver notato alcun calo nel numero dei pellegrini, se non nelle annate caratterizzate da un tempo particolarmente inclemente, sebbene da alcuni anni a questa parte le autorità civili e religiose abbiano preso a scoraggiar fortemente l'ascesa notturna. Quel pigro sciamare fiaccole, tanto suggestivo quanto pericoloso, non avviene più...

Questa sorta di breve intervista si chiude con l'unico esplicito accenno a san Patrizio che la mia proverbiale mancanza di acume mi abbia consentito di cogliere lungo l'intera giornata: nonostante tutto, questa domenica continua a essere – ... la più sentita [dai cattolici isolani] perché è dedicata al santo patrono d'Irlanda! – mi conferma Peter.

Sembra un'ovvietà questa mia notazione, e probabilmente lo è, schiacciata sotto il peso di tanti gesti e preghiere, tanto freddo e sudore.

Eppure, mentre egli proferisce queste parole sento che non si sta riferendo al semplice, seppur monumentale, ruolo di san Patrizio come evangelizzatore e costruttore di quella Chiesa celtica delle origini che ha saputo resistere e spesso anche opporsi a quella romana mantenendo per secoli tratti propri.

E' una sensazione, e vale per quello che è, ma mi porta a riflettere sulla mia camminata.

Chissà quanti fra i venticinquemila hanno pensato, per un istante almeno, al santo cui stavano tributando un atto di devozione con quella (altrimenti insensata) fatica...?

Quanti si sono immaginati il maturo Patrick, temprato dalla cattività giovanile, calpestare quegli stessi sassi, resistere al freddo e sopportar la fame sulla brulla vetta del monte, combattere demoni e scacciar serpenti, per quaranta giorni e altrettante notti?

Forse la maggior parte, forse solo alcuni... Non lo saprò mai eppure una qualche *molla*, per così dire, deve essere scattata nell'animo dei più.

Una molla di rilevanza sociale, mi viene da pensare visti i *numeri*, tesa da un innato e schietto spirito patriottico, da una fierezza dolce e sobria tutta irlandese, oliata da vaghi quanto onnipresenti valori cattolici, sorretta dalle invisibili mani del *piccolo popolo*.

E così, anche i *mamils*[36] che fermano i loro cronometri una volta giunti in cima trovano, nella mia mente priva di certezze, una qualche giustificazione.

La simpatia era accordata a priori!

A large crowd of pilgrims assembled at the small church on the Summit of Croagh Patrick, (per gentile concessione degli Irish Capuchin Archives di Dublino)[35]

[1]   C'è una grande festa alla casa della Banshee, sulla cima del Croagh Patrick stasera – dice il Púca
         – e io son giunto sin qui per condurti lassù a suonare la tua musica, e, credi a me, sarai ben
         ricompensato per questo disagio.

D. Hyde, *Leabhar sgeulaigheachta, cruinnighthe agus curtha le chle*, s.e., Dublin, 1889, p. 97, [trad. it.
dell'autore]

[2]Niall dei Nove Ostaggi, (re *supremo* d'Irlanda, IV-V sec. e.v.).

[3]T.-G. de Lally-Tol[l]endal, *Niall*, in Aa. Vv., *Biografia Universale Antica e Moderna*, vol. XL, Gio. Battista
Missiaglia, Venezia, 1827, p. 370

[4]Maewyn Succat muterà più volte il proprio nome: Cothraige (*quattro case*, in gaelico irlandese) per
aver servito altrettanti padroni al tempo della schiavitù, Magonius, una volta divenuto discepolo del
vescovo Germano d'Auxerre (poi santo) e infine Patricius, per volontà di papa Celestino I (poi santo),
come segno di dignità e presagio della futura fama.

J. O'Farrell, *The Life of Saint Patrick*, J.P. Kenedy & Sons, New York, s.d., pp. 37-38

[5]*Ivi*, pp. 35-37

[6]   Ormai da alcuni anni assisteva ai meravigliosi effetti che Dio aveva prodotto attraverso il suo
         ministero; sebbene, come Mosè, sentisse di non aver ancora, perfettamente e completamente,
         condotto il suo popolo fuori dalla schiavitù, verso la terra promessa; era quindi ora il tempo di
         salire sulla montagna, e imparare ancor meglio dalla Divina Sapienza le leggi con cui guidare
         questo popolo.

         San Patrizio, quindi, come apprendiamo dai suoi biografi, si ritirò per una stagione, alcuni
         dissero per l'intera Quaresima, su di una montagna del Connaught, variamente chiamata
         Cruachan Aichle, o Mount Eagle, o Croagh Patrick.

Ivi, p. 153, [trad. it. dell'autore]

[7]«Tutti i serpenti e i rettili velenosi furono banditi dall'Irlanda».
Ivi, p. 154, [trad. it. dell'autore]

[8]Patrizio, in gaelico irlandese.

[9]   La leggenda più nota [...] è quella che narra del santo vittorioso su di un demone femmina,
         spesso rappresentato in forma di serpente. MacNeill, che ha trovato una quarantina di versioni
         di questa leggenda, ipotizza che potrebbe essere la fonte della credenza secondo la quale san
         Patrizio avrebbe bandito i serpenti dall'Irlanda. Le prime versioni di questa leggenda parlano
         non di serpenti ma di uccelli demoniaci.

         La leggenda continua con un'altra storia di demoni legata a Patrick e al pozzo di Tullaghan.
         MacNeill cita le lettere della *Sligo Ordnance Survey* del 1836 a giustificazione di tale leggenda:

         Dopo aver bandito i demoni dal Cruach Patrick, il santo inseguì Caorthannach, (la madre del
         diavolo), attraverso il paese fino a Tullaghan. Questa, sulla sua strada, inquinò tutte le acque
         che incontrò. A Tullaghan, sopraffatto dalla sete, Patrick pregò di potersi dissetare e un pozzo
         spuntò sotto ai suoi piedi. Da allora è stato venerato ed è stato fonte di numerose guarigioni*.

         *M. MacNeill, *The Festival of Lughnasa*, voll. I-II, Comhairle Bhealoideas Eireann, Dublin, 1982, p. 515

M. Murphy, *Some Western Productions of* At the Hawk's Well, *with a Mythological Footnote*, in P.
Liebregts, P. van de Kamp [a cura di], *Tumult of Images: Essays on Yeats and Politics (The Literature of
Politics, the Politics of Literature - Proceedings of the Leiden ISAIL conference)*, vol. III, Editions [Brill]
Rodopi B.V., Amsterdam-Atlanta, 1995, pp. 83-84, [trad. it. dell'autore]

[10]*St. Patrick pray for your children, printed on open book with saint in foreground, church in
background*. Digitalizzazione da negativo in bianco e nero. 1888. Identificativo immagine: LC-USZ62-
31937

[11]*Hewitt*, acronimo che sta per *Hills in England, Wales and Ireland over Two Thousand [Feet]*, è
appunto una collina di almeno 610 metri (2000 piedi), con un'altezza relativa (*prominence*) non
inferiore ai 30 metri (98 piedi).

Marilyn è una montagna o una collina, presente sulle isole britanniche, con una prominenza di almeno 150 metri (490 piedi), indipendentemente dall'altezza assoluta. Questo termine, (un ironico contrasto con *Munro*, un monte secondo la nomenclatura scozzese, omofono di "Monroe"...), e il precedente li dobbiamo ad un certo Dawson.

A. Dawson, *The Hewitts and Marilyns of England*, TACit Press, Cambuskenneth, Stirling, 1997

[12]D.T. Ansted, *Geology, introductory, descriptive, & practical*, vol. III, J. van Voorst, London, 1844, p. 20

[13]
Un tempo era chiamata Cruachan Aigle, da Aigle un uomo che trovò la morte lungo le sue pendici [...] oggi essa è nota come Croagh Patrick in onore del santo che cristianizzò l'Irlanda.

Lì san Patrizio digiunò per quaranta giorni e quaranta notti emulando Cristo durante la sua permanenza nel deserto, combatté le potenze pagane d'Irlanda che sconfisse definitivamente nelle forme di Corra, *una* demone che egli affogò in un lago alla base del picco.

Le potenze pagane non furono però completamente sconfitte e le antiche feste furono rivestite di un abito nuovo, sebbene cristiano. Così è stato per *Lughnasa*, l'antica festa celtica del raccolto, convertita nel tuttora esistente rito cristiano dello scalare il Croagh Patrick, localmente chiamato *the Reek*, l'ultima domenica di luglio.

Croagh Patrick, in P. Monagan [a cura di], *The Encyclopedia of Celtic Mythology and Folklore*, Facts On File, Inc., New York, 2004, p. 104, [trad. it. dell'autore]

[14]Come per altre località, personaggi storici o mitologici irlandesi, la grafia usata per indicarne i nomi in lingua gaelica può essere assai diversificata, sia per la sua, relativamente, recente normalizzazione sia per i margini di discrezionalità insiti nel processo di traslitterazione che si rende necessario; spesso anche il significato associato può assumere sfumature differenti se non addirittura essere completamente diverso.

[15]Dialetto della lingua inglese in uso in Irlanda.

[16]«On the top of Croagh Patrick is a very large and remarkable cairn».

Mayo, in J. Wilkey [a cura di], *The Encyclopaedia Londinensis or Universal Dictionary of Arts, Sciences and Literature*, vol. XIV, J. Adlard, London, 1816, p. 579

[17]Stele sommitale di una pila di pietre variamente graffite e incise, posta nel territorio dell'omonimo vicino villaggio, lungo il Tóchar Phádraig, (selciato di san Patrizio), parte di quello che un tempo univa Ráth Cruachan (uno dei sei storici *siti reali d'Irlanda*) con il Reek.

Sin dal medioevo, percorrere il tratto, lungo ben trentacinque chilometri, che dall'abbazia di Ballintubber conduce a Murrisk, rappresenta la premessa obbligata per i pellegrini più devoti che si accingono a celebrare la rituale ascesa al Reek.

[18]L'area ha affascinato viaggiatori ed artisti come lo scrittore *premio Nobel* Heinrich Boll e il pittore Paul Henry, che vissero e lavorarono sull'isola di Achill. Lord Thackeray, nel 1842, tratteggia una vivida descrizione della zona nel suo (*The) Irish Sketch-Book:*

Printer's ink will not give these wonderful hues; and the reader will make his picture at his leisure. That conical mountain to the left is Croagh Patrick: it is clothed in the most magnificent violet-color, and a couple of round clouds were exploding as it were from the summit, that part of them towards the sea lighted up with the most delicate gold and rose color. In the centre is the Clare Island, of which the edges were bright cobalt, whilst the middle was lighted up with a brilliant scarlet tinge, such as I would have laughed at in a picture, never having seen in nature before, but looked at now with wonder and pleasure until the hue disappeared as the sun went away. The islands in the bay (which was of a gold color) looked like so many dolphins and whales basking there.

[19]Collezione Fr. Angelus Healy OFM Cap. Digitalizzazione da negativo su lastra di vetro. Identificativo immagine: CA-PH-1-49

[20]
Pattern (Patron)

A series of ritual activities performed on a specific day and usually at a specific site, the pattern (Irish usage) or patron (in Brittany) is apparently Christian but descends from a Celtic, or sometimes pre-Celtic, original. Examples are numerous: visiting holy wells at ancient ritual times, climbing mountains on Celtic holidays, traveling along a certain road or path while performing specified actions. The pattern often included walking in circles, leaving specified offerings, reciting specific prayers, or drinking well water. In some cases the actions could be effective at any time, while at other locations the pattern had to be done on a certain day and at a certain time. These rituals, which still continue today, are described as Christian by their practitioners, who may be aware of pagan antecedents but who are rarely bothered by them.

Pattern (Patron), in P. Monagan [a cura di], *op. cit.*, p. 376

[21] It was not long until the priest came and said, "You have a pilgrimage to make to Croagh Patrick, and you must walk on your knees from the foot to the top of the Reek, and no doubt you will see a messenger from God on the top of the Reek, and you will obtain knowledge from him. Go, now, or perhaps you would be late." The Widow departed, although her feet were cut and the blood coming from them. She went on her knees at the foot of the Reek, and she was two days and two nights going to the top of it. When she sat down a faintness came over her and she fell into a sleep.

The Poor Widow and Grania Oï in D. Hyde [cura e traduzione di], *Legends of Saints and Sinners*, The Gresham Publishing Company Ltd., London-Dublin-Belfast, s.d., pp. 264-267

[22] [...] this primitive chapel of St. Patrick existed up to at least the year 824. We know this because proof exists that in this year the Archbishop of Tuam paid a tax to the Archbishop of Armagh, who claimed revenue from all the churches founded by the Saint.

Fr. Angelus, O.M.Cap., *Croagh Patrick*, in «St Joseph Lilies [College] [Toronto]. March 1938», vol. XXVII, n. I, 1938, P. 191

[23] With the lapse of centuries this chapel disappeared, and another one was erected by the Archbishop of Tuam. This appears to have been done in the 13th Century, as we have a decree of Pope Honorius III, dated July 20th, 1216, deciding that in future the Archibshop of Armagh had no claim to any further revenue, as the chapel then on the mountain had been built by the Archbishop of Tuam.

Ibidem

[24] Papa Eugenio IV concede all'Arcivescovo di Tuam [Seán Mac Feorais, noto anche come John de Bermingham] un'indulgenza di due anni e due quarantene [una quarantena era una penitenza di 40 giorni], alle solite condizioni, per quei penitenti che visitano e fanno l'elemosina per la manutenzione della cappella di San Patrizio sulla montagna che si chiama Croagh Patrick: questa indulgenza da lucrare la domenica precedente la festa di San Pietro in vincoli [1° agosto]: perché in quel giorno una grande moltitudine ricorre a venerare San Patrizio nella detta cappella.

Ivi, p. 192 (e *Ancient Irish Manuscripts. Discovery of a Most Interesting Document*, in «The Irish Standard» del 7 Marzo 1908), [trad. it. dell'autore]

[25] *Ibidem*

[26] Il parco della storica dimora del marchese di Sligo, progettata fra gli altri da James Wyatt, sui resti di quella che un tempo fu la residenza della cosiddetta *regina dei pirati* Grace O'Malley, ospita anche un rinomato, quanto stridente, parco di divertimenti. Fra i titoli sussidiari del marchese (che recentemente ha disgiunto le sue sorti da quelle della residenza in questione) vi sono quelli di conte di Altamont e barone di Mount Eagle entrambi chiaramente legati al Croagh Patrick. Con il titolo di lord Monteagle appartiene alla parìa del Regno Unito e per questo detiene un regolare seggio alla Camera dei lord britannica.

[27] Mayo Mountain Rescue, which is a voluntary organisation, will be co-ordinating the biggest mountain rescue operation in Ireland this year on the day. An average 120 mountain rescue personnel from mountain rescue teams across Ireland and the UK come to assist in the operation. Though it is the busiest weekend operationally for the Mayo Mountain Rescue team, separately there has been an increase of 60 per cent in callouts in Mayo for the first half of 2017, with 27 callouts by early July for the voluntary group.

Mayo Mountain Rescue advises that all climbers make safety a priority. They recommend the use of proper walking boots, waterproof clothing, food and water and to be mindful of fitness levels and ability of young children. The weather is very changeable and temperatures can vary by as much as seven degrees between sea level and the summit.

C. Gannon, *Westport gears up for influx of Reek Sunday pilgrims*, in «Mayo Advertiser», 28 Luglio 2017

[28] One of the first to take to the slopes was the Archbishop of Tuam, Dr Michael Neary. He began the slippery ascent at 7 am accompanied by Bishop Fintan Monahan, Bishop of Killaloe, and Gearóid Dullea, executive secretary of the Irish Catholic Bishops Conference.

Archbishop Neary celebrated Mass in the mountaintop oratory at 11 am.

S. Burns, *Boy (10) among 13 rescued from Croagh Patrick climb in Mayo. Thousands climb mountain despite strong wind and rain*, in «The Irish Times», 30 Luglio 2017

[29] Tomba di [san] Benigno, (Benigno o Beneno di Armagh, ?-467).

[30] STATIONS OF THE REEK

The performing of penitential exercises – the stations of the Reek – is a very ancient custom. It is not possible from the records to state the exact date the stations of the Reek started, but it must have been soon after Saint Patrick's visit. There are three stations:

FIRST STATION

Leacht Beanain (named after St. Patrick's disciple Benignus) is at the base of the cone, consisting of a small, circular cairn of stones. The pilgrim walks around it seven times and says seven Our Fathers, seven Hail Marys and one Creed.

SECOND STATION

On reaching the summit, the pilgrim enters the second station of the Reek by kneeling and saying seven Our Fathers, seven Hail Marys and one Creed. After praying for the Pope's intentions near the Chapel, the pilgrim then walks fifteen times round the church in a clockwise direction saying fifteen Our Fathers, fifteen Hail Marys and one Creed. Leaba Phádraig (Patrick's Bed) is the conclusion of the second station. Here pilgrims walk round seven times, saying seven Our Fathers, seven Hail Marys and one Creed.

THIRD STATION

Roilig Mhuire (Virgin's Cemetery) is some distance down on the western side of the mountain. Here there are three cairns of stones, and the pilgrim walks seven times round each cairn, saying seven Our Fathers, seven Hail Marys and one Creed and finally goes around the whole enclosure seven times praying. Roilig Mhuire is also known as Garraí Mór (Big Garden) and is probably a pre-Christian grave.

Tratto da: http://www.westportparish.ie/croagh-patrick/stations-of-the-reek (accesso: 18 Gennaio 2018).

[31] Mayo Mountain Rescue has had to assist 13 people, including a 10-year-old boy, climbing Croagh Patrick following heavy rain and strong winds on Sunday.

The boy suffered head and wrist injuries and was taken to Mayo University Hospital.

Thousands are understood to have attempted to climb Croagh Patrick for Reek Sunday despite the wet and windy conditions. Mayo Mountain Rescue is working in conjunction with the Air Corps and Coast Guard.

A man, aged in his 70s, suffered a heart attack while climbing and was resuscitated and airlifted by Coast Guard helicopter 118 to Galway University Hospital.

A 46-year-old man sustained serious upper body injuries, including a dislocated shoulder and facial injuries. He was evacuated by Air Corps to Mayo University Hospital.

S. Burns, *Boy (10) among 13 rescued from Croagh Patrick climb in Mayo. Thousands climb mountain despite strong wind and rain*, in «The Irish Times», 30 Luglio 2017

[32] Tratto da: https://en.wikipedia.org/wiki/Reek_Sunday (accesso: 10 Gennaio 2018).

[33] ... anch'io non sarò esente da qualche capitombolo e relativi graffi e *sbucciature.*

[34] Ulteriore conferma della progressiva assimilazione di pratiche pre-cristiane all'interno del pattern rituale legato all'ascesa al Reek: attorno ai cairn e all'oratorio sulla vetta si compiono le stesse circumambulazioni che un tempo si compivano attorno ai pozzi santi, (con *l'aggiunta* di specifiche sequenze di orazioni).

[35] Collezione Fr. Angelus Healy OFM Cap. Digitalizzazione da negativo su lastra di vetro. Identificativo immagine: CA-PH-1-54

[36]Estendo ai camminatori questo acronimo che sta per *Middle-Aged Man In Lycra*®, abitualmente affibbiato, non senza ironia, a quanti, raggiunta la cosiddetta *mezza età*, si dedicano al ciclismo, inforcando costosissime biciclette dal telaio in carbonio e calzando perlopiù indumenti in fibra poliuretanica (più nota con il nome commerciale di Lycra®).

Simboli e bandiere al cippo di fra Dolcino sul monte Massaro. Trivero - Provincia di Biella - Italia

Cristianesimo (Chiesa Evangelica Valdese), Italia

IV Uno strano rituale (Festa di fra Dolcino)

Coordinate geografiche dei luoghi (DD):
Trivero: 45.66667, 8.166667
Bocchetta di Margosio: 45.66812, 8.12579
Monte Rubello: 45.67352, 8.13632
Monte Massaro: 45.66887, 8.13081

Or di' a fra Dolcin dunque, che s'armi,
Tu che forse vedrai il sole in breve,
S'egli non vuol qui tosto seguitarmi,
Sì di vivanda, che stretta di neve
Non rechi la vittoria al Novarese,
Ch'altrimenti acquistar non saria lieve[1].

D. ALIGHIERI

Domenica, 10 Settembre 2017

Il caffè è sul *fuoco*. Nel lavello, le stoviglie sporche languono supplichevoli in una triste mota.

Invano, cerco qualche appiglio per sfuggire a quegli sguardi metallici mentre la radio, accesa e sintonizzata sul canale *Rai Radio 1*, trasmette il *Notiziario dal mondo evangelico...*

Ormai capitolato, sto strofinando distrattamente un paio di forchette quando la mia attenzione viene ridestata dalle parole che giungono dall'etere – ... e a seguire salita al cippo di fra Dolcino...[2]

Con le mani bagnate afferro l'apparecchio e alzo il volume ma l'annunciatrice è già passata oltre – Martedì 12, a Torino, la Società di Studi Valdesi...

Oltre a quelle poche parole, la mia memoria, proverbialmente labile, è riuscita a trattenere solo un'indicazione parziale della località dove si svolgerà tale evento: «Panoramica Zegna[3]».

Conosco la zona: si trova a non più di un'ora d'auto...

Accendo il computer e cerco qualche informazione in più: «Festa di fra Dolcino, a cura della Casa di Studi Dolciniani [...] Ritrovo alla Bocchetta di Margosio, comune di Trivero [...] alle 10:00 culto valdese...».

È sufficiente!

Associavo vagamente il nome di Dolcino[4] a qualche opera di Fo[5] e mi pareva di ricordare che dovesse trattarsi di una figura contraddittoria, vissuta nel tardo medioevo, fonte di dibattito e d'ispirazione ancora ai giorni nostri: c'era chi vi vedeva un martire, un paladino della lotta all'iniquità e alle disparità sociali, un riformatore di una Chiesa corrotta e chi un sobillatore di folle, un bieco criminale, finanche un assassino.

Pensavo di conoscere la zona e invece sbaglio strada un paio di volte ma, alla fine, dopo una serie d'interminabili tornanti aggrappati sui dolci declivi delle Prealpi Biellesi, raggiungo la Bocchetta di Margosio.

Vista satellitare del monte Massaro o Prapian, (fonte: zoom.earth)

Bandiere. Bocchetta di Margosio. Trivero - Provincia di Biella

Se salendo, lo sguardo era catturato dalla vegetazione rigogliosa, dalle molte dimore signorili di fine Ottocento, occhieggianti ai lati della Panoramica, e dalla vista che spaziava sulla pianura sottostante, una volta raggiunto il sito, il paesaggio, repentinamente, si fa alpestre.

Bocchetta di Margosio è una sella montana che si apre sulle Alpi Pennine: volgendo lo sguardo a settentrione il panorama è grandioso.

Sono da poco passate le dieci, la giornata è umida e piovosa e sul pianoro è già presente una cinquantina di persone.

Qualcuno imbraccia una colorata bandiera.

Altre ancora, con l'asta infissa *alla buona* nel morbido terreno, sventolano al soffio di una tenue brezza.

Mi par di cogliere una certa, generica, *eterogeneità* fra i presenti che, riuniti in piccoli crocchi, chiacchierano sommessamente.

I componenti di uno di questi si dispongono in cerchio e una donna[6], presa una chitarra, strimpella qualche accordo, al che gli altri attaccano a cantare il celebre inno di Lutero:

> Forte rocca è il nostro Dio,
> Nostra speme in Lui si fonda.
> Ne sostien benigno e pio,
> Nell'angoscia più profonda...[7a, 7b]

Quelli... devono essere i *valdesi!* – mi dico, illuminato da un baluginio d'inaspettata perspicacia.

Culto evangelico. Bocchetta di Margosio. Trivero - Provincia di Biella

Mi avvicino e subito, per agevolare la mia partecipazione al culto evangelico, mi consegnano un pieghevole ciclostilato dal quale apprendo che:

Durante la Settimana Santa del 1307, in Valsesia, vengono accerchiati e sconfitti gli uomini e le donne, che insieme a fratello Dolcino e alla sua compagna Margherita, lottavano per il diritto alla terra e per una maggiore giustizia.

Ispirati dalla fede, aspettavano il prossimo ritorno di Cristo trionfante sul male e l'instaurarsi nel mondo del regno di Dio. Non erano una minoranza, in quel tempo tutta l'Europa era percorsa da movimenti di riscatto dei poveri.

Sconfitti dalle truppe del vescovo di Vercelli, detentore del potere politico e religioso, sono quasi tutti uccisi in battaglia o fatti prigionieri sul monte Rubello.

Fra Dolcino e Margherita vengono presi prigionieri, processati, [seviziati nei modi più cruenti] e bruciati vivi sul rogo il primo Giugno 1307. Le loro ceneri [sono] disperse nel fiume, ma la loro memoria non è stata cancellata e ancora oggi ispira alle popolazioni delle montagne della Valsesia e a tutti coloro che conoscono questa storia, l'ideale di libertà e di giustizia[8].

Terminata la celebrazione del culto, dedicato alla memoria di Dolcino, inizia un rito laico.

Ci si trasferisce allora fra le panche e i tavoli di un chiosco poco distante. Padrone di casa è un esponente del Centro Studi Dolciniani di Biella che introduce ai presenti un cantastorie toscano che, senza ulteriori indugi, accompagnandosi con chitarra, armonica e *kazoo* propone un brano incentrato sulle vicende del *Cristo dell'Amiata*, Davide Lazzaretti, protagonista, nel XIX sec., di un'epopea drammaticamente simile a quella di fra Dolcino.

Si tributa poi un commosso omaggio alla memoria di Gustavo (Tavo) Buratti (Burat), storico animatore della lingua e delle tradizioni piemontesi, studioso dei movimenti egualitari e libertari, convertitosi al valdismo e morto pochi anni prima.

Gli oratori si alternano e, a braccio, mescolano passato prossimo e remoto.

Cantastorie. Bocchetta di Margosio. Trivero - Provincia di Biella

Si inizia rivangando le vicende che hanno interessato il monumento posto a ricordo della tragedia di Dolcino, Margherita e degli Apostolici tutti: dall'obelisco, eretto nel 1907 sul monte Massaro, a poche centinaia di metri dal Rubello, (indisponibile perché *occupato* dal santuario cattolico di san Bernardo, costruito nel 1839) e in seguito abbattuto nel 1929, da ignoti sabotatori di probabile ispirazione fascista, all'attuale cippo antropomorfo posto nel 1974 sulle sue rovine...

Il 29 Giugno del 1907, un eterogeno manipolo di entusiasti, umili lavoratori, fedeli agli ideali socialisti e liberali, in aperto contrasto con gli ambienti clericali della zona, posero la prima pietra dell'*obelisco* che una volta terminato misurava cinque metri di lato e ben undici d'altezza.

Nel giorno ventitré giugno dell'anno millenovecentosette a mezzogiorno è stata collocata la prima pietra di questo obelisco. Con esso il popolo biellese, che prese viva parte all'agitazione per la riabilitazione di fra' Dolcino, ha voluto onorare le memorie dell'imperterrito eresiarca, nel sesto centenario del suo supplizio. Fra' Dolcino, arso vivo in Vercelli nel primo giugno milletrecentosette, dopo che a brano a brano gli erano state lacerate le carni con tenaglie infuocate per opera della Chiesa ora, dissipate le fosche tenebre della superstizione, condannati gli orrori del governo dei preti, la figura di fra' Dolcino appare bella, grande e nobilitata dal suo coraggioso apostolato per la libertà umana e dalla sua eroica fermezza fra i tormenti e nel martirio. Onore e gloria in eterno a fra' Dolcino, al precursore di una società affrancata da ogni schiavitù religiosa. Grande folla di popolazione, accorsa da tutte le parti del Biellese, presenziò entusiasta alla posa di questa pietra[9].

Il giorno dell'inaugurazione su quel monte si radunò una folla mai vista.

L'11 agosto tutto era pronto per la fantastica manifestazione. Si organizzò una corsa speciale del treno Biella-Valle Mosso, e sul Massaro convennero diecimila persone con centinaia di bandiere delle sezioni e circoli socialisti, leghe operaie e contadine; erano anche presenti le insegne repubblicane, anarchiche e massoniche[10].

Osteggiato sin dalla sua ideazione, dal clero e dagli ambienti cattolici, più volte vandalizzato, venne definitivamente distrutto nel 1929.

A fine luglio 1929, nottetempo, l'obelisco subì l'ultimo definitivo attentato e fu demolito con la dinamite (o secondo altre testimonianze, a cannonate con il pretesto di esercitazioni militari di tiro d'artiglieria pesante). Fu dunque quando ormai era in corso il "fidanzamento" tra la chiesa cattolica romana ed il fascismo, destinato a concludersi con il "matrimonio" tra i due poteri assoluti nel concordato del 1929, che il monumento innalzato dal movimento operaio biellese e valsesiano fu trovato "giù per i burroni"[...][11].

Un altro oratore, presa la parola, rammenta per sommi capi la parabola di fra Dolcino, a partire dai tempi in cui, seguace del predicatore emiliano Gherardino Segarelli, rifiutò il possesso di ogni bene materiale e prese a vivere poveramente, *ad imitazione di Cristo.*

L'enorme seguito di Gherardino non passò inosservato e la Chiesa romana, fermamente decisa a non accettare congregazioni religiose non autorizzate, lanciò una vera e propria crociata. Il predicatore, imprigionato a più riprese insieme a un gran numero di *Apostolici* (come si facevan chiamare i suoi seguaci per aver adottato uno stile di vita ispirato a quello dei primi discepoli di Cristo) e accusato indiscriminatamente di eresia, fu arso vivo sulla pubblica piazza a Parma, nell'anno 1300.

Stessa sorte toccò a molti dei suoi compagni di sventura.

Ma nonostante la dura repressione, anziché spegnersi, il movimento apostolico riprese vigore.

Dolcino da Novara successe a Gherardino e spostò il *nucleo dirigente* del movimento dall'Emilia al Trentino.

Ma la persecuzione non diede tregua agli *eretici* che, di valle in valle, spostandosi verso occidente, ripararono nella piemontese Valsesia, terra d'origine di Dolcino. Qui furono accolti in maniera entusiastica dalla popolazione valligiana già pervasa da spinte autonomiste.

I vescovi di Vercelli e Novara, allora, bandirono una nuova crociata assoldando militari

L'obelisco eretto sul Monte Massaro nel 1907 (in occasione del VI centenario dell'autodafé di Dolcino) in una vecchia cartolina postale, (particolare)

di professione e garantendo *indulgenze* a quanti vi avessero preso parte.

Nel 1304 iniziò una vera e propria guerra civile che si protrasse per lungo tempo: da un lato un esercito cristiano *regolare*, dall'altro guerriglieri autonomisti e cristiani apostolici guidati dall'indomito Dolcino.

In pieno inverno e senza scorte alimentari, assediati dai crociati, fiaccati da ripetuti e sanguinosi assalti, i Dolciniani, da mesi asserragliati nell'alta valle, cercarono una disperata via di fuga: guidati dalla bella Margherita[12], compagna di Dolcino, divallarono fra metri di neve[13] nell'area del Biellese, arroccandosi su quello che sarebbe divenuto il *monte dei Ribelli* (da cui Rubello).

I guerriglieri erano alcune migliaia ma i crociati, raggiuntili, riorganizzarono un assedio finché, dopo una lunga serie di assalti, dovettero capitolare. Fu una vera carneficina: circa ottocento vennero trucidati sul posto.

La nobile Margherita, che rifiuterà l'abiura e le proposte di matrimonio di nobili locali, che l'avrebbero salvata dal rogo, viene arsa viva insieme a Longino da Bergamo[14], luogotenente di Dolcino, nella città Biella, su di un isolotto del fiume Cervo[15]. Dolcino, forzato ad assistere agli autodafé, dopo inenarrabili supplizi, morirà anch'egli sul rogo alcuni giorni dopo, nella città di Vercelli. Era il primo giugno dell'anno 1307[16].

Gli Apostolici superstiti, smarriti e senza guida, accrebbero le fila di altri movimenti pauperistici del tempo; molti si unirono ai Valdesi, la cui, seppur clandestina, presenza era consolidata in Piemonte da più di un secolo.

... gli interventi si succedono. È la volta di un ex-detenuto che ci informa sulle molte criticità dell'attuale *situazione* carceraria...

Un altro oratore ci riporta al 1974 quando, grazie all'ostinazione di Tavo Burat, sui resti dell'obelisco abbattuto, viene posto un cippo, vagamente antropomorfo, simile a quello che a Montségur, nei Pirenei occitani, ricorda il martirio dei catari morti sul rogo nel 1244.

La cattura di Margherita e fra Dolcino, opera di A. Ciancia da Caprile, presso la chiesa matrice ss. Quirico e Giulitta. Trivero - Provincia di Biella

Cippo di fra Dolcino. Monte Massaro. Trivero - Provincia di Biella

In quell'occasione, proprio a Bocchetta di Margosio, ai piedi dei monti Rubello e Massaro, Dario Fo e Franca Rame insceneranno la pièce di *Mistero Buffo*, che nella cosiddetta *giullarata di Bonifacio VIII* richiama, a più riprese, la figura di Dolcino.

Protosocialista, anticipatore dei movimenti riformatori e protestanti della Chiesa, anarchico, difensore dei poveri contadini, infaticabile camminatore... sono molte le attribuzioni dell'eresiarca di Prato Sesia.

E così, terminato questo rito intriso di memoria e impegno civile, con un ultimo brano dell'appassionato cantastorie, ci si avvia verso il monte, in silenzio.

Ascesa al monte Massaro. Trivero - Provincia di Biella

Chi può prende con sé una bandiera o il *simbolo* di fra Dolcino: un falcetto e uno scarpone issati su di un'asta. Vessilli d'ispirazione anarchica, socialista, comunista... Bandiere autonomiste ed ecologiste... Anche la pastora ne imbraccia una a caso. Le uniche croci sono quella che campeggiano sul vessillo della regione Piemonte e su quello occitano[17]!

L'ascesa è breve.

Si prosegue in fila indiana su di uno stretto sentiero, costeggiando il perimetro di una base militare, che troneggia sulla vetta del monte Massaro, a 1314 metri di quota. Pare proprio che Dolcino non possa avere un luogo tutto suo in cui esser ricordato...

Dopo alcuni minuti di marcia si raggiunge un angusto pianoro cosparso di massi, una modesta radura in un bosco di conifere, nel mezzo, quasi a occuparla per intero, uno sproporzionato basamento in pietra[18] con su il minuscolo cippo.

Ci si dispone alla bell'e meglio tutt'attorno, con le bandiere e il simbolo dolciniano. Qualcuno vi sale su e depone dei fiori ai piedi del piccolo monumento. Non essendoci un celebrante si susseguono estemporanei brevi interventi dei presenti che esortano variamente a non dimenticare gli insegnamenti di Dolcino e l'impegno di Buratti. Guidati dal cantastorie si intonano canti anarchici e operai.

Sulle note di *Addio Lugano bella* si ridiscende alla Bocchetta e proseguendo sul sentiero si raggiunge un agriturismo all'Alpe Margosio, dove si pranza tutti insieme.

Commemorazione al cippo di fra Dolcino. Monte Massaro. Trivero - Provincia di Biella

... banditi senza tregua
andrem di terra in terra
a predicar la pace
ed a bandir la guerra
la pace per gli oppressi
la guerra agli oppressor.
La pace per gli oppressi
la guerra agli oppressor...[19]

[1] D. Alighieri, *La Divina Commedia*, vol. I, Tip. dell'Oratorio di S. Francesco di Sales, Torino, 1872, (Inferno, XXVIII, 55-60), pp. 237-238

[2] [...] Questa mattina, presso la Bocchetta di Margosio, sulla Panoramica Zegna, in provincia di Biella, Festa di fra Dolcino e Margherita. Alle dieci, culto evangelico presieduto dal pastore Marco Gisola. Alle undici assemblea della Casa di Studi Dolciniani e a seguire salita al cippo di fra Dolcino...

Trascrizione di parte della trasmissione del 10 Settembre 2017 rintracciabile su https://www.raiplayradio.it/programmi/cultoevangelico/archivio/puntate/ (accesso: 8 Ottobre 2018).

[3] Strada che attraversa l'Oasi Zegna, l'area naturalistica pensata dall'imprenditore Ermenegildo Zegna, fondatore della celebre manifattura tessile di Trivero.

[4] Davide Tornielli[?] alias Dolcino da Novara o fra Dolcino, (Prato Sesia[?], 1250 circa - Vercelli, 1° Giugno 1307).

[5] Si chiamava fra' Dolcino, e si ritirò dalle sue parti, dalle parti di Vercelli: ma invece di starsene a casa in pace e in silenzio, visto il rischio che aveva corso, nossignori, andò intorno ancora a provocare i contadini, a fare il giullare. Andava e cominciava: «Ehi contadino! ... la terra è tua, tientela, cretino deficiente, la terra è di chi la lavora...». E i contadini del vercellese, forse per il fatto che lui parlava il dialetto del luogo e lo capivano bene, lo guardavano e dicevano: «Eh eh... che pazzo è quel fra' Dolcino! Però mica dice delle cose sceme! Sai, io quasi quasi la terra me la tengo... No, anzi, la terra la lascio al padrone, io mi tengo il raccolto!» E da quel giorno, ogni volta che arrivavano i «dimandati», li prendevano a sassate. E cominciarono a strappare anche il contratto, che si chiamava «angheria».

D. Fo, F. Rame [a cura di], *Teatro*, Milano, Einaudi, 2000, p. 425

[6] Che poi *scoprirò* essere la simpatica pastora Francesca Cozzi con la quale avrò il piacere di scambiare qualche parola e ricevere utili informazioni.

<table>
<tr><td>

[7a]
Forte rocca è il nostro Dio,
Nostra speme in Lui si fonda.
Ne sostien benigno e pio,
Nell'angoscia più profonda.
Il tristo tentator,
A noi fa guerra ognor.
Astuzia e frode
Son l'armi sue tremende,
Ma da lor Dio ne difende

È perduto immantinente,
Quei che solo in sé confida.
Per noi pugna un Uom possente,
Che Dio scelse a nostra guida.
Chi sia, domandi tu,
Egli è Cristo Gesù,

</td><td>

[7b]
Ein feste Burg ist unser Gott,
Ein gute Wehr und Waffen.
Er hilft uns frei aus aller Not,
Die uns jetzt hat betroffen.
Der alt böse Feind,
Mit Ernst er's jetzt meint.
Groß Macht und viel List
Sein grausam Rüstung ist.
Auf Erd ist nicht seinsgleichen.

Mit unsrer Macht ist nichts getan,
Wir sind gar bald verloren.
Es streit't für uns der rechte Mann,
Den Gott hat selbst erkoren.
Fragst du, wer der ist?
Er heißt Jesus Christ,

</td></tr>
</table>

Nostro Signore.	Der Herr Zebaoth,
Da Lui vigor ne viene,	Und ist kein ander Gott.
La vittoria in man Ei tiene.	Das Feld muß er behalten.
Se migliaia di demoni,	Und wenn die Welt voll Teufel wär
Ne volessero inghiottire,	Und wollt uns gar verschlingen,
Le malefiche legioni,	So fürchten wir uns nicht so sehr,
Non vedranci impallidire.	Es soll uns doch gelingen.
Con tutti i lor terror,	Der Fürst dieser Welt,
Si mostrin pure il cuor,	Wie saur er sich stellt,
No, non ci trema.	Tut er uns doch nicht.
A un detto dell'Eterno,	Das macht, er ist gericht't.
Fia depresso il re d'inferno.	Ein Wörtlein kann ihn fällen.
La parola della vita,	Das Wort sie sollen lassen stahn
Rispettar dénno i potenti.	Und kein' Dank dazu haben.
Col Suo Spirto Iddio n'aita,	Er ist bei uns wohl auf dem Plan
Noi sarem con Lui vincenti.	Mit seinem Geist und Gaben.
Se pieni di furor,	Nehmen sie den Leib,
Tolgonci figli, onor	Gut, Ehr, Kind und Weib,
Ed ogni bene,	Laß fahren dahin.
Ne avranno vantaggio lieve	Sie haben's kein Gewinn.
A noi il Regno restar deve.	Das Reich muß uns doch bleiben

[7a]M. Luther, G. Niccolini [traduzione di], *Forte rocca [è il nostro Dio]*, in L. Testa, A. Pirazzini, *Nuovo innario evangelico: raccolta d'inni e cantici sacri con melodie*, American Tract Society/Società Americana dei Trattati, New York, 1907, pp. 30-31

[7b]M. Luther, *Ein' feste Burg ist unser Gott*, in M.C. Barthel in trust for the German Evangelical Lutheran Synod of Missouri, Ohio and other States, in the Clerk's Office of the Eastern District of Missouri [a cura di], *Kirchen-Gesangbuch für Evangelisch-Lutherische Gemeinden ungeänderter Augsburgischer Confession*, Lutherischer Concordia-Verlag, Saint Louis, 1888, p. 104

[8]Mi accontento di questa sintesi dai toni agiografici, che narra della morte di Dolcino, preferendo, in questo capitoletto indiviso, la brevità e la sintesi, evitando di avventurarmi in una ricerca storico-biografica, sicuramente avvincente, ma poco utile per i fini preposti.

[9]Testo della pergamena che protetta da un astuccio di vetro, firmata dai novantacinque lavoratori presenti alla posa della prima pietra, con i ritratti di Dolcino e Margherita, venne posta all'interno di un foro praticato nella roccia e ricoperto da una lapide che recava inciso «Nel VI centenario del martirio di fra Dolcino rivendicato, il popolo».

C. Mornese, G. Buratti, *Maledetto Fra Dolcino!: Storia di una memoria scandalosa. I documenti della polemica tra clericali e anticlericali per l'obelisco del 1907*, Lampi di stampa, Milano, 2007, pp. 15-16

[10]*Ivi*, p. 16

[11]*Ibidem*

[12]Margherita Boninsegna alias Margherita da Trento o Margherita da Arco ([?], [?] – Biella, Maggio 1307).

[13]Ancor oggi quel passo è noto come *varco della Monaca*.

[14]Longino Cattaneo alias Longino da Bergamo (Bergamo[?], [?] - Biella, Maggio 1307).

[15]Popolarmente noto come *isolotto di Margherita*.

[16]A. Segarizzi [a cura di], *Historia fratris Dulcini heresiarche*, di Anonimo sincrono, e *De secta illorum qui se dicunt esse de ordine Apostolorum*, di Bernardo Gui, in L.A. Muratori, [e in seguito], G. Carducci, V. Fiorini e F. Pietro [a cura di], *Rerum italicarum scriptores: raccolta degli storici italiani dal cinquecento al millecinquecento*, S. Lapi, tomo IX, parte V, Città di Castello, 1907

[17]Ostentata forse in memoria dei legami che univano il Biellese ed il Vercellese a Bosone, primo re di Provenza, dallo stemma della cui casata venne tratta la croce occitana.

[18] I resti dell'obelisco distrutto nel 1929.

[19]

[1] Addio Lugano bella
o dolce terra pia
scacciati senza colpa
gli anarchici van via
e partono cantando
con la speranza in cor.
E partono cantando
con la speranza in cor.

[2] Ed è per voi sfruttati
per voi lavoratori
che siamo ammanettati
al par dei malfattori
eppur la nostra idea
è solo idea d'amor.
Eppur la nostra idea
è solo idea d'amor.

[3] Anonimi compagni
amici che restate
le verità sociali
da forti propagate
è questa la vendetta
che noi vi domandiam.
E questa la vendetta
che noi vi domandiam.

[4] Ma tu che ci discacci
con una vil menzogna
repubblica borghese
un dì ne avrai vergogna
noi oggi t'accusiamo
in faccia all'avvenir.
Noi oggi t'accusiamo
in faccia all'avvenir.

[5] Banditi senza tregua
andrem di terra in terra
a predicar la pace
ed a bandir la guerra
la pace per gli oppressi
la guerra agli oppressor.
La pace per gli oppressi
la guerra agli oppressor.

[6] Elvezia il tuo governo
schiavo d'altrui si rende
d'un popolo gagliardo
le tradizioni offende
e insulta la leggenda
del tuo Guglielmo Tell.
E insulta la leggenda
del tuo Guglielmo Tell.

[7] Addio cari compagni
amici luganesi
addio bianche di neve
montagne ticinesi
i cavalieri erranti
son trascinati al nord.
E partono cantando
con la speranza in cor.

P. Gori, *Addio a Lugano*, in C. Frigerio [a cura di], *Il canzoniere dei ribelli*, International Printing House, London, 1899

Scorcio notturno. Sullo sfondo il lago e le luci degli insediamenti del Golan. Tiberiade - Galilea - Israele

V   La dura vita dell'etnografo...

Coordinate geografiche dei luoghi (DD):
Torino (aeroporto di Caselle Torinese): 45.19654, 7.63911
Roma (aeroporto di Fiumicino): 41.79989, 12.24405
Tel Aviv (aeroporto di Lod): 32.00554, 34.87665
Tiberiade: 32.78277, 35.49403

Veniva da parte della Centrale informazioni. Due o tre domande informative, e basta: che il Signore misericordioso gli risparmiasse spreco del tempo altrui, se non era strettamente necessario. Fra l'altro, Tiberiade – questa la sua impressione – era sempre più brutta: condomini ed eucalipti. Che tristezza. Per contro, il lago era un piacere per gli occhi e per il cuore. Sotto un certo punto di vista, in fondo, era un lago storico[1].

A. Oz

Preparativi

I giorni che hanno preceduto la partenza sono stati intensi, a tratti convulsi.

Il frenetico e inconcludente tentativo di ottenere un qualche aggancio in loco o un'informazione *di prima mano* su quanto avrei voluto documentare: ambasciate, università, istituti di cultura, organizzazioni internazionali... nulla!

Un ultimo colpo di scena: l'e-mail indirizzata allo scrittore (e professore emerito all'Università di Haifa) Abraham *Boolie* Yehoshua che riceve un'insperata quanto laconica risposta:

Tell me your phone, I call you!
Abraham

Una settimana passata letteralmente *col telefono in mano* poi una chiamata da un *numero* sufficientemente esotico – Ci siamo! – mi dico...

No, non è Abraham ma Sarah, un'italiana che sta svolgendo un dottorato presso l'Università Bar-Ilan di Tel Aviv, che, allertata dallo scrittore, si offre di aiutarmi: che selezionassi un numero limitato di quesiti, ci avrebbe pensato poi lei a chiarirmi le poche idee confuse!

Un'altra settimana di attesa (i tempi sono adeguatamente *biblici*...) poi un messaggio lapidario da parte di Sarah – Contatta liberamente, via e-mail, Edoardo e Avigail, ti daranno certo qualche informazione utile!

Edoardo e Avigail... chi? – mi domando.

(Inutile dire questi due sconosciuti, contattati come consigliato, non *si faranno vivi...*)

Nel frattempo, nella *mia* scuola è stato tutt'un susseguirsi di *prove nazionali,* riunioni collegiali, colloqui parentali e sparute lezioni a classi disorientate al punto che questo probabile tour de force in terra d'Israele mi si prospetta come... un intermezzo rilassante!

Trasferimento

Giovedì, 26 Aprile 2018

La questione non si pone neppure: nessun treno, taxi o navetta, i miei genitori mi scorteranno all'aeroporto!

Parto nel tardo pomeriggio da Caselle con un clima ferragostano e faccio tappa a Fiumicino in serata, giusto il tempo di ingurgitare un desolante *piatto freddo* prima di raggiungere il *gate* d'imbarco per Tel Aviv. Sull'aereo mi ingozzerò col superfluo, ma compreso-nel-prezzo, pasto kosher servito a bordo.

Arrivo ben prima dell'alba a Tel Aviv e con un po' di fortuna riesco a saltare sul primo autobus per Gerusalemme.

Poco male se manco la fermata in corrispondenza della stazione centrale degli autobus e arrivo sino ad un *anarchico* capolinea, ben oltre il museo d'Israele: ho così modo di fare qualche chilometro a piedi chiacchierando con una coppia di turisti tedeschi, anch'essi *vittime* dell'indecifrabilità della lingua semitica e della reticenza del conducente.

La città, un eterno cantiere, è addormentata e magica negli istanti dell'aurora.

I parchi nei pressi della Knesset sono verdi e rigogliosi. I viali che li attraversano sono ricoperti da uno strato di melma viscida e scivolosa: dev'esserci stato un forte temporale non molte ore prima e grandi quantità di fango si sono riversate sulle stradine. Fa quasi freddo ed è un vero sollievo.

La *Central Bus Station* è una struttura anonima e datata ma perfettamente efficiente. Zaino in spalla, un bicchierone di cappuccino in una mano e nell'altra un robusto sacchetto di plastica (non compostabile) con una vaschetta di verdure miste, *hummus* e l'immancabile filone di pane al sesamo e... sono pronto a partire!

Platform 20. Bus 962. Tiberias: termine corsa. Per soli trentasette sheqel attraverserò mezzo stato...

Devo esser lesto a mettermi in fila nell'attesa dell'arrivo del bus. In pochi istanti si forma una lunga coda: molti soldati di leva, giovanissimi e con l'immancabile mitraglietta a tracolla, un numero incredibile di donne, appartenenti a un qualche ramo dell'ebraismo osservante che non so riconoscere, (accomunate dall'aver il capo coperto da vezzosi e flosci baschi in maglia di lana nera mista a paillettes), con ceste ricolme di vettovaglie e molti neonati, sballottati in ingombranti porte-enfant, si accalcano rapidamente alle mie spalle. In pochi minuti il mezzo si riempie all'inverosimile.

Vista satellitare di Tiberiade e del *mare* di Galilea, (fonte: zoom.earth)

La mer de Tiberiade, autore anonimo, (per gentile concessione della British Library di Londra)[2]

Kippot e *peyot* di varie fogge fanno capolino da oltre i sedili. I volti e i colori dell'*Aliyah*, conseguenza della *legge del ritorno*, disegnano un mosaico cromatico metafora del mosaico sociale dell'odierna nazione d'Israele.

Un militare si siede accanto a me e subito si addormenta. L'arma puntata sul mio ginocchio destro non mi fa star tranquillo.

Arrivo a Tiberiade verso le dieci e la trovo molto più sporca di quanto non ricordassi. Il nucleo storico è disadorno e pare in stato di semiabbandono. Molte le botteghe chiuse e le case fatiscenti. Se non fosse per gli albergoni di lusso che gremiscono il lungolago, si direbbe che quasi tutte le attività abbiano preferito spostarsi verso l'entroterra e le abitazioni sin oltre il livello del mare, sulle alture circostanti più ordinate e dal clima sicuramente più sopportabile.

Incuria fra le vecchie case del nucleo storico. Sullo sfondo il *mare* e gli hotel di lusso. Tiberiade - Galilea

Peno più di due ore per trovare il mio hotel scomodando buona parte dei residenti del quartiere. Alla fine, eccolo lì, (c'ero passato davanti svariate volte): un edificio spoglio e al contempo pretenzioso, in pietra basaltica, senza uno straccio d'insegna, con i gestori, dei ragazzi che non spiccicano una parola d'inglese e che non sanno nulla della mia prenotazione, che fanno mille storie prima di accordarmi una camera, sulla cui qualità preferisco sorvolare...

Esco a fare due passi e al mio rientro trovo un sacchetto malamente attorcigliato alla porta d'ingresso: i *miei* asciugamani! Ovviamente sporchi come tutto il resto...

[1]A. Oz, *Tocca l'acqua, tocca il vento*, (ברוח לגעת במים, לגעת, Am Oved, Tel Aviv, 1973; trad. it. di E. Loewenthal), Feltrinelli, Milano, 2017

[2]Tratto da: J.-J. Bourassé, *La Terre-Sainte. Voyage dans l'Arabie Pétrée, la Judée, la Samarie, la Galilée et la Syrie*, A. Mame et C., Tours, 1860, p. 395

Il santuario di *nabi* Shu'ayb sulle pendici dei Corni di Hittin. Pressi di Kfar Zeitim - Galilea - Israele

VI *Ziyarat* di *nabi* Shu'ayb

Coordinate geografiche dei luoghi citati nel diario etnografico (DD):
Tiberiade: 32.78972, 35.52472
Kfar Hittim: 32.80028, 35.50250
Arbel: 32.81222, 35.48250
Kfar Zeitim: 32.81167, 35.46250
Corni di Hittin (Karnei Hittin): 32.80000, 35.45944
Maqam al-nabi Shu'aib: 32.80490, 35.45052

Agli abitanti di Madyan inviammo il loro fratello Shu'ayb!

Disse: «O popol mio, adorate Allah. Per voi non c'è altro dio che Lui. Vi è giunta una prova da parte del vostro Signore. Riempite la misura e date il giusto peso e non danneggiate gli uomini nei loro beni. Non corrompete la terra dopo che Allah la creò pura: ciò è meglio per voi, se siete credenti.

Non appostatevi su ogni strada, distogliendo dal sentiero di Allah coloro che credono in Lui, e cercando di renderlo tortuoso. Ricordatevi di quando eravate pochi ed Egli vi ha moltiplicati. Guardate cosa è accaduto ai corruttori.

Se una parte di voi crede nel messaggio con il quale sono stato inviato ed un'altra parte non crede, siate pazienti e sopportate fino a che Allah giudichi tra di noi! Egli è il migliore dei giudici».

CORANO, VII: 85-87

Nabi Shu'ayb

L'ouvrage que je publie aujourd'hui avait été rédigé il y a plus de quarante ans, et si J'ai différé si longtemps à le faire paraître, ça été parce que j'avais conçu l'espérance de recevoir de l'Orient quelques nouveaux manuscrits des Druzes, qui pourraient jeter de la lumière sur divers points de leur doctrine, lesquels me paraissaient encore enveloppés d'obscurité...[1]

... scriveva il barone de Saucy nella premessa alla sua monumentale *Religion des Druzes*, data alle stampe (parzialmente incompiuta) nel 1838, anno della sua morte.

Dopo più di due secoli non si può dire che se ne sappia molto di più sulla religione drusa, pertanto, mi guarderò bene dal paventare alcuna sicurezza in merito, brancolando io stesso nella medesima oscurità.

Tutto ebbe origine in Egitto, nell'XI sec., sotto il califfato di al-Hakim bi-Amr Allah.

Questo esponente della dinastia fatimide, ismaelita, salito al trono poco più che bambino si dimostrò, per molti aspetti, una figura contraddittoria: le fasi del suo regno furono contrassegnate, a fasi alterne, dal più illuminato multiculturalismo come dal più bieco oscurantismo.

Il califfo, che fondò al Cairo la *casa della Saggezza* (dove accanto allo studio del Corano e della Sunna non si trascuravano materie quali l'astronomia o la filosofia) e seppe intrecciare relazioni diplomatiche sin con la lontana Cina, non esitò a emanare leggi inique e discriminatorie verso i sudditi ebrei, cristiani e islamici sunniti.

Nel 1009 arrivò a ordinare la distruzione della basilica del Santo Sepolcro a Gerusalemme.

Nell'ultimo periodo del suo regno compì gesti di distensione verso ebrei e cristiani ma i suoi intenti riformatori e l'aver apertamente incoraggiato il predicatore persiano Hamza ibn-'Ali ibn-Ahmad, nominandolo *imam dei Monoteisti* (o *Unitariani*, la setta eterodossa cui egli stesso aderì e della quale favorì la diffusione), lo resero inviso agli stessi mussulmani sciiti.

Le basi della nuova religione erano state gettate.

Hamza, nel 1017, darà il via alla cosiddetta *chiamata divina*, un periodo, contraddistinto da uno spiccato proselitismo, (conclusosi, nel 1043, sotto gli auspici dell'altra importante figura di al-Muqtana Baha'uddin) durante il quale molti, in prevalenza islamici, non restarono insensibili alle cosiddette *Epistole della saggezza*, le lettere pastorali con le quali i missionari di questa nuova religione usavano presentarsi alle comunità rurali della Grande Siria. Questi predicatori itineranti non disdegnavano altresì di ricorrere al pensiero platonico e socratico o di estrapolare insegnamenti dall'Antico come dal Nuovo Testamento oltreché dal Corano, costruendo via via un canone assai eterogeneo.

È al principio di questo periodo che emerge la nebulosa figura di Muhammad bin Ismail Nashtakin ad-Darazi, (cui, loro malgrado, i nuovi adepti vedranno legato il nome della propria religione), che da feroce persecutore si trasformerà in fervente fedele per poi divenire leader di una precoce corrente scismatica (i *daraziti*). Le sue posizioni estremistiche causeranno l'inevitabile scontro con Hamza e la temporanea sospensione del tempo proselitistico. Neppure le azzardate affermazioni circa la natura divina di al-Hakim lo salveranno dalla messa a morte, decretata dallo stesso califfo nel 1018[2].

Terminata questa fase, i membri delle comunità che avevano abbracciato tale fede presero a orientare decisamente le proprie scelte matrimoniali verso l'endogamia, (da quel momento si sarebbe divenuti drusi solo per nascita), chiudendosi, per certi versi, alla penetrazione socioculturale esterna e accrescendo di pari passo la natura esoterica del proprio credo. Non è azzardato ipotizzare che questi fattori abbiano contribuito a creare quell'alone di mistero che ancora oggi aleggia attorno alla religione drusa.

(A un lettore passabilmente attento non sarà sfuggito che il protagonista del capitolo non ha ancora avuto alcuna parte nell'intrigante intreccio sin qui abbozzato, per cui è giusto che ora entri in scena...).

Se ad-Darazi per ingraziarsi il volubile califfo, oltre a proclamarne la natura divina, ne ipotizzò la discendenza adamitica, più modestamente i suoi correligionari pensarono di riconoscere nel profeta preislamico, (nabi, نبي in arabo), Shu'ayb, inviato da Allah fra i Madianiti (si veda la breve citazione in epigrafe), la propria principale figura ancestrale.

Le parole di questo profeta, vissuto a cavallo fra il XVII e il XVI sec. prima dell'era volgare, restarono largamente

Un anziano Jethro rincontra Mosè (particolare), (per gentile concessione della Princeton Theological Seminary Library)[7]

inascoltate dal suo popolo, la collera divina non tardò a manifestarsi e la fazione idolatra fu puntualmente sterminata.

Questi, allora, alla guida del relativamente piccolo clan superstite, della tribù chenita (o qenita) di Madian, fa la sua comparsa fra le pagine dell'Antico Testamento, dov'è variamente indicato come Jethro (Jetro, Yetro, Ietro...) o Reuel o Obab...

Significativo è il suo legame con Mosè cui offrirà aiuto e protezione in seguito alla sua precipitosa fuga dall'Egitto. Questi ne sposerà la figlia Sefora che lo renderà padre[3].

È proprio nella veste di suocero di Mosè e capostipite dei Cheniti[4] che Shu'ayb-Jethro entra nella storia drusa. I Drusi, infatti, sono propensi a credere di essere i discendenti di quest'antico e frammentato popolo nomade e quindi, in qualche modo, *figli* del sacerdote di Madian[5].

Che Jethro fosse madianita, di tribù chenita è confermato più volte nella Bibbia; non così semplice invece è scovarne la genealogia[6].

Questo fatto però non rappresenta un gran cruccio per i Drusi d'Israele, che continuano a festeggiarlo in massa, nel periodico pellegrinaggio primaverile e ogni anno gremiscono il santuario galileo che ne ospita le spoglie mortali.

Il parlamento israeliano ha fissato, con legge apposita, il periodo del pellegrinaggio (dal 25 al 28 aprile di ogni anno) che per ogni druso è festivo a tutti gli effetti rappresentando una breve vacanza dalla scuola, dal lavoro e perfino dal servizio militare.

Corni di Hittin

Mount of Beatitudes, stampa da un'incisione di A. T. Harrison da uno schizzo di W. R. Wilson, (per gentile concessione della British Library di Londra)[9]

Vista satellitare del cono vulcanico; lungo le pendici nord-occidentali si scorge il santuario di nabi Shu'ayb, (fonte: zoom.earth)

Una collina, che si erge di poco più di 300 metri sul livello del mare, (circa 500 sopra il mare di Galilea), e che a fatica si distingue dalle altre: così appare, al viandante distratto, questo piccolo rilievo. A ben guardare, la cima risulta essere lievemente concava con all'estremità due modeste protuberanze: i famosi *Corni*.

Tutti i toponimi dell'area richiamano, in forma variamente alterata, il termine Hittin, cui non si sottrae il *nostro* monte.

Solo grazie ad una vista satellitare se ne può apprezzare la forma troncoconica che, se associata alla natura eminentemente basaltica delle rocce che lo costituiscono, si rivela essere quella di un vulcano estinto[8].

Tutta l'area, trovandosi sul margine nordorientale della placca africana, aggettante la fossa tettonica del Giordano (o faglia del Levante, una parte della Great Rift Valley) è soggetta a frequenti terremoti e presenta i segni di passate attività vulcaniche, eco delle quali è riscontrabile ancora oggi nelle diverse fonti termali presenti nella stessa Tiberiade.

Oltre ad ospitare il sepolcro di Jethro, le sue propaggini e l'omonima piana[10] adiacente sono state teatro di una celebre battaglia che nel 1187 ha visto capitolare l'esercito degli stati crociati ad opera delle schiere del sultanato Ayyubide.

Ben riassume gli accadimenti di quei giorni lo storico Cesare Cantù:

Alla spedizione diede motivo la violazione di pace per parte del principe Rinaldo, che avea saccheggiato una carovana diretta da Damasco alla Mecca, e ricusato la restituzione dei beni rubati, chiestagli da Saladino. Costui giurò uccidere il principe Rinaldo di sua mano se poteva averlo in suo potere. Ad Asctan nelle vicinanze di Damasco passò in rassegna l'esercito, e ai ventisei di giugno, giorno di venerdì entrò in campagna. A tutte le spedizioni guerriere sceglieva il venerdì come il giorno in cui i Musulmani raccoglievansi alla preghiera solenne, e l'ora del mezzogiorno cioè quella della preghiera meridiana, come la più favorevole. L'esercito cristiano erasi accampato a Sefori fra Nazaret e Acca (Tolemaide), dove si dice abitassero Gioachimo ed Anna genitori di Maria. Nello stesso giorno, Saladino avanzossi sino al borgo di Sabire, sul lago di Tiberiade, e poscia accampossi nel piano a ponente del lago, aspettando l'assalto de cristiani. Ma come questi non l'assalivano, mandò scorridori a devastare il paese da Tiberiade a Nazaret e fino ai monti di Gelboa e di Iesael, sicché ondeggiava come un mare di fuoco, e il monte Tabor, su cui avvenne la trasfigurazione di Cristo, era orridamente illuminato dall'incendio. Egli stesso assalì Tiberiade e occupolla senza difficoltà; solo il castello tenne fermo. Il dì della visitazione di Maria, i messi del conte di Tripoli ne portarono la terribile notizia all'esercito cristiano, e quella medesima sera i due nemici eserciti trovaronsi a fronte l'un dell'altro in battaglia. All'alba del venerdì tre luglio cominciò il sanguinoso giuoco, che durò indeciso infino a sera. I combattenti serenarono nel campo armati: e solo allo spuntare del seguente sabato, quattro luglio, apparve la piena disfatta dei cristiani e la splendidissima vittoria de musulmani. Tra Safed e il Tabor, due ore e mezzo da Tiberiade, s'innalza sopra un'altura il monte delle beatitudini, donde si piglia la deliziosa veduta di Safed, della cima nevosa dell'Ermon e del lago di Genezaret. Questo monte chiamasi oggidì il Corunol Ilottein, cioè il monte delle corna di Hottein o di Hittin ; e la tradizione musulmana vi pone il sepolcro di Ietro e di molti altri profeti. Verso la terza ora del giorno l'esercito cristiano fu respinto dal musulmano alle falde di quel monte, dove il dirupato suolo rendea malagevole il combattere. Qui l'esercito cristiano sciolse le sue ordinanze; i fanti fuggirono sulla cima del monte e spinsero ferocemente la turba intorno alla santa croce che cadde dalla mano del vescovo di Tolemaide, e fu dal morente consegnata al vescovo di Lidda. I principi cercarono scampo nella fuga. Baldovino di Ibelin, Rinaldo di Sidone, il figlio del principe di Antiochia fuggirono a Tiro; re Guido di Gerusalemme, Rinaldo di Chatillon signore di Kerek, Bonifazio marchese di Monferrato, il siniscalco Ioscelin, il contestabile Almerico, il gran maestro de' Templari Umfredo di Toron, il vescovo Guiscardo di Lidda portatore della *santa croce*, furono fatti prigioni; anche il santo legno disparve[11].

L'esito avverso alle forze cristiane ne causò un rapido ridimensionamento; le principali roccaforti crociate passarono di mano nel giro di un breve periodo tanto che nell'ottobre dello stesso anno il Saladino poté entrare a Gerusalemme.

Moshavot nella piana di Hittin e scorcio del *mare* fra i monti Nitai e Arbel visti dalle pendici dei Corni - Galilea

Sebbene una diversa tradizione e la maggior parte dei pellegrini di Terrasanta siano oggi propensi a riconoscere un altro rilievo, non molto distante dal nostro, prospicente il lago in località Tabga, come il cosiddetto *monte delle Beatitudini*, una nutrita letteratura, oltre a quella appena esposta, è pronta a contraddirla identificando i Corni con il luogo ove Gesù avrebbe pronunciato il celebre *discorso della Montagna*[12].

Vista l'importanza storica, religiosa e naturale dell'area, lo stato israeliano ha deciso di tutelarla istituendo nel 1967 il Parco nazionale e riserva naturale di Arbel, nel quale sono ricompresi il piccolo vulcano estinto e il santuario di nabi Shu'ayb.

Ziyarat (cenni storici)

L'esploratore spagnolo, di cultura ebraica, Beniamino di Tudela, giunto a Sidone nel 1167, ci parla dell'esistenza di una *nazione*, a circa dieci miglia dalla città, abitata dal popolo dei Drusi.

Questi, considerati da taluni come pagani, non professavano alcuna religione e abitavano sulle montagne della zona, sfruttandone le cavità naturali. Il loro territorio era vasto quanto quello che si poteva attraversare in tre giorni di cammino e delimitato a oriente dal monte Hermon.

Gli uomini sono descritti come abitualmente dediti alla pratica di relazioni incestuose con le proprie figlie mentre in occasione della *festa annuale*, nella quale tutto il popolo si riuniva a banchettare, erano soliti scambiarsi l'un l'altro le rispettive mogli.

I Drusi, sempre secondo il nostro viaggiatore iberico, credevano nella metempsicosi ed erano così abili negli spostamenti in montagna che nessuno avrebbe potuto sconfiggerli all'interno del proprio territorio[13].

Il sommario quadro appena fornito descrive una religione e un'etnia ad appena un secolo dalla loro *istituzione* nella quale appare già consolidata la celebrazione periodica di una *festa collettiva*. Ciò potrebbe indurre a pensare che l'origine di tale pratica sia coeva a quella della religione stessa.

Dopo la misteriosa sparizione di al-Hakim[14], nel 1021, le dure repressioni messe in opera dalle autorità religiose sciite verso chi si fosse macchiato di apostasia non tardarono a farsi sentire. La religione drusa disparve in pochi anni dalla terra ove era nata mentre si conservò in quei luoghi impervi e remoti, battuti dai primi missionari, fra le dorsali del Libano e dell'Antilibano, il Gebel Druso, le alture del Golan, dell'alta Galilea e del Carmelo.

La frammentarietà della comunità dei fedeli potrebbe aver fatto sorgere l'esigenza, sin dai primi tempi, di riunioni periodiche per rinsaldarne i legami interni. La relativa lontananza reciproca, il doversi necessariamente mettere in marcia, la scelta di un luogo condiviso come il sepolcro del proprio capostipite in cui riunirsi, potrebbero essere alla base della nascita di questo *pellegrinaggio*, (ziyarat, زيارت in persiano), che vista l'orografia dei luoghi, ricade nella tipologia dell'ascensione.

Una solida tradizione[15], appurata anche di persona, colloca la tomba di Jethro sulle pendici settentrionali dei Corni di Hittin, in una cui caverna questi decise di trascorrere l'ultimo periodo della sua vita. È ipotizzabile che, in origine, il sito fosse riconoscibile dalla presenza di una lapide o di una qualche, seppur minima, architettura funeraria:

> He found refuge in a nearby cave in the village of Hittin, where he lived until he died of old age. His followers buried him at that spot and placed a tombstone on his grave[16].

Il sito è poi stato a più riprese rimaneggiato, conteso e, talvolta, teatro di scontri, visto l'indubbio valore simbolico.

Durante la dominazione ottomana della Palestina la pratica del pellegrinaggio subì un lento declino sino ad interrompersi del tutto[17].

Nonostante ciò, massicci interventi edilizi compiuti negli ultimi due decenni del XIX secolo[18], ci consegnano il santuario nelle sue forme attuali.

Dopo la guerra arabo-israeliana (1948) il governo di Gerusalemme costruisce un'ampia strada per favorirne l'accesso e finanzia rilevanti interventi di restauro.

Nel 1949 le autorità militari dell'*unità drusa* invitano gli abitanti dei villaggi a prevalenza drusa a riprendere la pratica della *visita* al santuario, (*ziyarah*, زيارة in arabo). Sino agli anni '70 questa festa rappresenterà, per lo stato israeliano, il terreno privilegiato sul quale tessere un robusto intreccio di relazioni con le autorità religiose e in definitiva con l'intera etnia[19].

Druze dancers performing during the druze festival of nebi Shueib at Kfar Hittim, fotografia di F. Cohen, 1964

Non è infrequente che autorevoli esponenti politici e di governo prendano parte alle celebrazioni, che è utile ricordare, rappresentano anche un'occasione per le autorità civili e religiose druse per discutere del futuro della comunità[20].

Diario etnografico

Sabato, 28 Aprile 2018

Per quanto cerchi di far presto, non riesco ad incamminarmi prima delle otto e mezza.

Il cielo è coperto e cade qualche goccia di pioggia: il tempo ideale.

Ho con me solo una mappa d'Israele della *National Geographic* (in scala 1:275.000) e alcune stampe di viste satellitari, a Tiberiade poi non sono quasi mai indicati i nomi delle vie, per cui mi devo orientare un po' *a naso* per imboccare la strada giusta ed uscire dalla città.

Dopo circa un'ora di cammino, superato il livello del mare (Mediterraneo) e lasciati alle spalle gli ultimi palazzi, scorgo il bivio per Kfar Zeitim e imbocco la strada locale numero 7717.

La strada serve i modesti villaggi di Kfar Hittim, Arbel e termina a Kfar Zeitim nei cui pressi sorge il santuario con il sepolcro (*maqam*, مقام, in arabo) di nabi Shu'ayb.

La strada che da Tiberiade conduce ai Corni di Hittin. In lontananza il cono del vulcano estinto. Kfar Hittim - Galilea

Quasi tutte le auto che la percorrono vanno nella mia direzione e conducenti e passeggeri tradiscono l'appartenenza al gruppo etnoreligioso druso.

Molti uomini, infatti, *portano* una camicia (*kamis*) nera e una cuffia (*taqiyah*) bianca lavorata a mano a maglia e i tradizionali *shalwar*, in panno di lana nero, (ampi calzoni, simili ai *galligaskins* in voga nell'Europa del '600 e fra i marinai di mezzo mondo sino a epoche più recenti), oltre a... notevoli mustacchi!

Le donne indossano un semplice velo (*shambar*), perlopiù bianco, semitrasparente, a coprire capelli e spalle, una camicia dal taglio austero simile a quella maschile (non sempre nera) e una lunga gonna *(tanoura)* nera. Bambini e ragazzi, tranne qualche eccezione, non indossano il costume tradizionale.

Inutile dire che speravo che il tratto di strada fosse più breve: sono circa sei chilometri di saliscendi da percorrere ai margini di una carrozzabile trafficata. Frutteti si alternano a campi di grano appena mietuto a perdita d'occhio. Sparse qua e là piccole mandrie di bruni bovini brucano gli ultimi ciuffi d'erba.

I celebri Corni di Hittin svettano all'orizzonte e impiego ben più di un'ora per raggiungerne le pendici.

Un rondò decorato da decine di bandiere druse e d'Israele segnala l'inizio della strada che sale al santuario.

Un fiume di auto mi scivola accanto: una vera e propria ascensione... motorizzata. In migliaia confluiscono nel sito dai villaggi a maggioranza drusa sparsi fra il Carmelo, l'alta Galilea e il Golan nei quattro giorni dell'annuale Ziyarat, fra il 25 e il 28 di aprile.

Finalmente posso camminare su di un bel marciapiede, ombreggiato da giovani alberi e cinto da una sicura ringhiera. La strada è assai curata. Oltre all'ampio percorso pedonale la carreggiata è in perfetto stato di manutenzione. Le due corsie sono spesso separate da un filare di palme. Roseti e altre aiuole si alternano ai margini della salita. Un'infinita teoria di coppie di bandiere druse e d'Israele guarnisce ogni lampione.

Giovane uomo che indossa alcuni capi dell'abbigliamento tradizionale. Maqam al-nabi Shu'ayb - Galilea

Auto di pellegrini sulla bella strada impavesata che conduce al santuario. Maqam al-nabi Shu'ayb - Galilea

Dopo circa un chilometro giungo al santuario. Sono le undici.

L'area è recintata e si accede varcando un portone affiancato da un'ampia guardiola. Faccio per entrare come se nulla fosse, ma il baffuto guardiano mi richiama bruscamente: chi sono? Che ci faccio lì?

Sono un... *antropologo* italiano venuto sin qui proprio per studiare questa festa... – rispondo cercando di mascherare un certo imbarazzo.

Un gesto e un'alzata di spalle come a dire – Va', va'... – ed eccomi entrato! Sarebbe stato il colmo non poter accedere al sito...

Vista d'insieme del santuario. Maqam al-nabi Shu'ayb - Galilea

La prima impressione è di una confusa eccitazione: le auto sono parcheggiate ovunque, bancarelle e chioschi offrono cibo e ogni sorta di mercanzia, sotto gli alberi, sin dove può spingersi lo sguardo, centinaia di tavole imbandite e il fumo che si alza da innumerevoli barbecue preannunciano un colossale picnic collettivo. I bambini sono in maggioranza: che scorrazzano in piccole bande, giocano a palla o si schizzano con *pistole* ad acqua.

Oltre al vasto piazzale si trova il complesso del santuario vero e proprio: una serie di edifici, costruiti in epoche successive, che ben s'integrano fra loro e con il paesaggio grazie all'uso di una pietra locale dal colore paglierino.

Il sepolcro è posto nella parte più alta del complesso ed è sormontato da una cupola bianca. Vi si accede grazie ad un'ampia scalinata a gomito, in rifacimento.

L'edificio si affaccia su di una vasta piazza terrazzata cinta su due lati da un elegante porticato. In una piazzetta adiacente si trova una fontana, simile alla *sardivan* islamica. Nello spazio porticato, che ha funzione di pronao, si è Invitati da chiari cartelli a togliersi le scarpe e coprirsi il capo prima di accedere al luogo sacro.

L'interno si rivela essere costituito da due ambienti comunicanti: il principale ospita il sarcofago del profeta e la venerata pietra ove un incavo sarebbe l'impronta lasciata dal piede sinistro dello stesso Shu'ayb.

Entrambi sono protetti da paraventi di legno. I fedeli, in piccole comitive famigliari, si dispongono ordinatamente in coda. Giunto il proprio turno si avvicinano e, restando in piedi, appoggiano entrambe le mani sulla tomba, ricoperta da un drappo verde, ne baciano la superficie e proferiscono qualche sommessa parola di preghiera o d'invocazione. Fatti pochi passi raggiungono la *pietra dell'impronta*: lo schema devozionale è simile senonché, vista la collocazione a livello del pavimento, si rende necessario inginocchiarsi per poterla toccare e baciare.

Il sepolcro e l'antistante piazza terrazzata. Maqam al-nabi Shu'ayb - Galilea

Fedeli all'interno del sepolcro. Maqam al-nabi Shu'ayb - Galilea

Reo di aver rubato qualche immagine all'interno del luogo sacro, dopo essere stato fermamente ripreso da un uomo, che intuisco essere preposto alla guardia del sito, vengo da questi seguito passo passo nella mia rispettosa, sebbene vacua, esecuzione dei pattern rituali descritti.

La seconda sala, i cui pavimenti ad imitazione della precedente sono ricoperti da preziosi tappeti, funge, ipotizzo, da spazio di preghiera e meditazione.

Non cogliendo null'altro di notevole da descrivere torno al piazzale.

Non ci vuole particolare acume per capire di non essere proprio passato inosservato e non penso mi sarà facile avvicinare qualche fedele per fare due chiacchiere. Inizio allora a disegnare e bastano pochi minuti per passare da fonte di sospetto a oggetto di curiosità.

Due bambini e una bambina con stelle da sceriffo e distintivi di polizia di latta appuntati sul petto, armati di pistole giocattolo, si avvicinano curiosi e lodano oltremodo il mio scarabocchio.

A questi segue una donna che parla un apprezzabile inglese. Fatte le necessarie presentazioni, ella ammette di aver pensato fossi un ebreo (*Jewish*) e che trovava strano fossi là. Abita non lontano dal santuario: ma è un'eccezione.

Mi racconta che, durante la guerra arabo-israeliana del 1948, il vicino villaggio di Hittin venne quasi completamente distrutto e gli originari abitanti arabi costretti ad abbandonare case e terre. In seguito, il governo offrì ai Drusi israeliani la possibilità di insediarsi nell'area, vista anche la consolidata presenza di un proprio luogo sacro nella zona.

I responsabili della comunità risposero però con un cortese diniego: i palestinesi di religione drusa giudicarono, probabilmente saggiamente, poco appropriato occupare le terre di altri palestinesi di religione differente[21].

Una delle molte aree picnic, gremita di fedeli, nei giardini del santuario. Maqam al-nabi Shu'ayb - Galilea

La sua famiglia abita nella zona per motivi non collegati a tali accadimenti – ... i Drusi, da sempre prediligono i luoghi alti e quello probabilmente non lo era a sufficienza! – mi dice scherzando.

Mi conferma poi quello che sostanzialmente sapevo già ovvero che l'etnia è perfettamente integrata in tutti gli stati nei quali si trova a essere frammentata (oltre che in Israele, vaste comunità si trovano infatti in Giordania, Libano e Siria): suo marito lavora da venticinque anni nella polizia israeliana e i loro due figli nell'esercito.

In fondo – dice – noi, come tutti, vogliamo semplicemente vivere...

Poi, mi saluta cordialmente, ripromettendosi un giorno di fare un viaggio in Italia: sono arrivati tardi al santuario, l'una è passata da un pezzo, e non riescono a trovare uno spazio dove parcheggiare l'auto, men che meno un angolo dove fare il picnic...

Li lascio alle loro preoccupazioni: la mia è tornare a Tiberiade sotto a un sole che si è fatto rovente.

Arrivo in città verso sera e mi capita di scambiare qualche chiacchiera con un gruppo di ragazzi drusi, reduci anch'essi dalla Ziyarat. Due di essi stanno svolgendo il servizio militare e questi sono stati giorni di vacanza. Mi confidano che la loro religione è molto *chiusa* e che ne sanno ben poco anche loro: non viene insegnata in modo istituzionale, la s'impara a poco a poco.

Mi arrischio a portare il discorso sui *matrimoni* che la tradizione drusa vuole esclusivamente endogamici e sull'ipotesi che questa festa possa anche rappresentare un'occasione per conoscere la loro futura sposa, ma si dimostrano timidi e negano l'eventualità – Ci si conosce a scuola o grazie ad internet... – mi dicono.

Sono le sei quando rientro nel mio poco accogliente hotel.

[1] L'opera, pubblicata oggi, è stata scritta più di quarant'anni fa. Se ho tardato così tanto nel farla apparire è perché avevo concepito la speranza di ricevere dall'Oriente alcuni nuovi manoscritti drusi, che avrebbero potuto gettare luce su vari punti della loro dottrina, che mi sembravano ancora avvolti nell'oscurità...

S. de Sacy, *Exposé de la religion des Druzes*, Imprimerie Royale, Paris, 1838, p. V, [trad. it. dell'autore]

[2] M.G.S. Hodgson, *Al-Darazî and Ḥamza in the Origin of the Druze Religion*, «Journal of the American Oriental Society», vol. 82, n. 1, 1962, pp. 5-20

[3] Ora il sacerdote di Madian aveva sette figlie. Esse vennero ad attingere acqua per riempire gli abbeveratoi e far bere il gregge del padre. Ma arrivarono alcuni pastori e le scacciarono. Allora Mosè si levò a difenderle e fece bere il loro bestiame. Tornate dal loro padre Reuel, questi disse loro: «Perché oggi avete fatto ritorno così in fretta?». Risposero: «Un Egiziano ci ha liberate dalle mani dei pastori; è stato lui che ha attinto per noi e ha dato da bere al gregge». Quegli disse alle figlie: «Dov'è? Perché avete lasciato là quell'uomo? Chiamatelo a mangiare il nostro cibo!». Così Mosè accettò di abitare con quell'uomo, che gli diede in moglie la propria figlia Zippora. Ella gli partorì un figlio ed egli lo chiamò Gherson, perché diceva: «Sono un emigrato in terra straniera!»

Esodo 2,16-22

[4] I figli del suocero di Mosè, il Kenita, salirono dalla città delle Palme con i figli di Giuda nel deserto di Giuda, a mezzogiorno di Arad; andarono dunque e si stabilirono in mezzo al popolo.

Giudici 1,16

[5] J. Comay, G. Meir, M. Pearlman, *Israel*, Macmillan, New York, 1964, p. 197

[6] *Proposed genealogy of Jethro:*

Abraham
|
Midian
|
Epher?
|
[Kain/Kinah]
|
[Jehallelel]
|
Asarel/Ezrah
|
Jether/Jethro

D. Hurn, *The daughters of Keturah*, in «The Testimony», n. 3, 2006, p. 80

[7] *Wife's Return*, tratto da: C.F. Horne, J.A. Brewer, *The Bible and its Story*, F.R. Niglutsch, New York, 1908, tav. 11-48. Titolo originale *Moses meeting his Wife and Sons*, acquaforte di W. Artaud, pubblicata originariamente nella *Macklin's Bible*, T. Macklin, London, 1792

Recto: Moses approaching on the right, looking up at his father-in-law Jethro, an old man who ushers forward Zipporah and gestures to left towards Moses' two sons, with military tents behind to right; after Artaud. c. 1792 Etching and engraving.

[8] Gran parte dell'area è ricoperta da un robusto strato di basalto, formatosi in seguito ad antiche eruzioni vulcaniche risalenti a circa quattro milioni di anni fa, che ha protetto il substrato calcareo da fenomeni carsici ed erosivi.

A. Horowitz, *The quaternary evolution of the Jordan Valley*, in C. Serruya [a cura di], *Lake Kinneret*, W. Junk Publishers, l'Aia-Boston-London, 1978, p. 33

[9] Tratto da: W.R. Wilson, *Travels in Egypt and the Holy Land*, Longman, Hurst, Rees, Orme, Brown, and Green, London, 1824

[10] Anche noto come altopiano di Arbel.

[11] C. Cantù, *Documenti per la storia universale, schiarimenti e note*, vol. IV, G. Pomba e C. Editori, Torino, 1842, pp. 514-515

[12]Alcuni brani che suffragano l'ipotesi della probabile coincidenza fra il supposto monte delle Beatitudini e i Corni di Hittin:

> I continued the journey by this plain, which is of considerable extent, and in many parts the soil is black. I observed piles of stones, covering over, or marking, several graves said to have been those of the persons who had fallen in actions between the French and Turks. Near the bottom of it stands the holy mount, which has been so eminently distinguished, from our Divine Master having addressed himself to the surrounding multitudes, and denominated the "Mountain of Beatitudes" On alighting from my mule, and ascending, I read upon its height, with deep interest, the sermon delivered there, so highly comprehensive in its sublime doctrines, and the source of such strong consolation to believers in all ages. [...] This hill has an elevation of from 2 to 300 feet, the prospect is extensive and beautiful. On the summit is an area of many acres; where scattered ruins appear to denote it must anciently have been the site of a village. Proceeding from hence, I arrived at a spot on the other side, where Christ displayed his miraculous power in supplying the returning wants of the multitude*; this was called by Michel "The multiplication of bread," or, as I have heard others denominate it, "The table of Christ.".
>
> *Mt 16, 9-10

W. R. Wilson, *Travels in Egypt and the Holy Land*, Longman, Hurst, Rees, Orme, Brown, and Green, London, 1824, pp. 221-222

> Les environs de Tibériade sont beaucoup plus intéressants pour le voyageur chrétien que la ville même. Notre première course fut dirigée vers la montagne des Béatitudes. En sortant de Tibériade par la porte du nord, nous traversons d'abord le champ à jamais célèbre par la multiplication des pains et des poissons. C'est là que Jésus-Christ, ayant pitié de la multitude qui le suivait pour l'entendre prêcher, nourrit cinq-mille personnes avec cinq pains et deux petits poissons. Le souvenir de ce prodige vit encore dans la mémoire des habitants; les Arabes appellent ce lieu Kams-Kobzath (les cinq pains), et les étrangers *Pane e Pesce* (pain et poisson). Le misérable village d'Hittin est au pied de la montagne sur laquelle Jésus-Christ, après la vocation de ses apôtres, prononça ce discours célèbre : Bienheureux ceux qui souffrent persécution pour la justice ; bienheureux ceux qui pleurent; bienheureux les pauvres d'esprit. Après avoir rapporté le Sermon de la montagne, l'évangéliste* remarque que le peuple était dans l'admiration de la doctrine de Jésus, parce qu'il instruisait comme ayant autorité, et non pas comme les scribes et les pharisiens.
>
> *Mt 8, 28-29

J.-J. Bourassé, *La Terre-Sainte. Voyage dans l'Arabie Pétrée, la Judée, la Samarie, la Galilée et la Syrie*, A. Mame et C., Tours, 1860, pp. 405-406

[13]B. Gerrans [cura e traduzione in inglese dall'originale in lingua ebraica di Benjamín de Tudela], *Travels of Rabbi Benjamin, son of Jonah, of Tudela: trough Europe, Asia and Africa; from the ancient Kingdom of Navarra to the frontiers of China*, "entered at Stationers Hall" [ovvero The Stationers' Company], London, 1784, pp. 65-66

[14]A. Treves, *Mille anni di separazione*, in «Ha Keillah», n. 215, 2016, p. 9

[15]C. Cantù, *op. cit.*, p. 515

[16]
> Trovò rifugio in una vicina grotta, nel villaggio di Hittin, dove visse fino alla fine. I suoi seguaci lo seppellirono in quel luogo e misero una lapide sulla sua tomba.

N. Dana, *The Druze in the Middle East: Their Faith, Leadership, Identity and Status*, Sussex Academic Press, Eastbourne, 2003, p. 28, [trad. it. dell'autore]

[17]K. Firro, *The Druzes in the Jewish state: a brief history*, E.J. Brill, Leiden, 1999, p. 237

[18]K. Firro, *A History of the Druzes*, E.J. Brill, Leiden, 1992, p. 315

[19]K. Firro, *The Druzes in the Jewish state: a brief history*, pp. 94-96

[20]Il 25 Aprile 2016, giorno di apertura delle celebrazioni, presenzia alle cerimonie il presidente israeliano R. Rivlin.

[21]Sull'argomento: http://www.palestineremembered.com/Tiberias/Hittin/ (accesso: 23 Luglio 2018).

Santuario di Shimon bar Yochai sulle pendici del monte Meron e il moshav. Meron - Galilea - Israele

VII *Lag b'Omer* e *Hillula* di Shimon bar Yochai

Coordinate geografiche dei luoghi citati nel diario etnografico (DD):
Tiberiade: 32.78264, 35.52906
Safed/Tz'fat: 32.96583, 35.49833
Meron (moshav): 32.98832, 35.44144
Monte Meron: 32.99040, 35.41313
Santuario di Shimon bar Yochai: 32.98082, 35.44048

Then Ben Temalion [a demon] came to meet them – Is it your wish that I accompany you?

Thereupon Rabbi Simeon wept and said – The handmaid of my ancestor's house was found worthy of meeting an angel thrice, and I not even to meet him once. However, let the miracle be performed, no matter how.

Thereupon he [the demon] advanced and entered into the Emperor's daughter.

When [rabbi Simeon] arrived there, he called out – Ben Temalion leave her! Ben Temalion leave her! – and as he proclaimed this he left her.

He [apparently the Roman emperor] said to them – Request whatever you desire.

They were led into the treasure house to take whatever they chose[1].

THE BABYLONIAN TALMUD, ME'ILAH 17B

Shimon bar Yochai

Tanna of the second century; supposed author of the Zohar; born in Galilee; died, according to tradition, at Meron, on the 18th of *Iyyar* (= Lag be-'Omer). In the Baraita, Midrash, and Gemara his name occurs either as Simeon or as Simeon ben Yohai, but in the Mishnah, with the exception of Hag. I,7, he is always quoted as R. Simeon. He was one of the principal pupils of Akiba, under whom he studied thirteen years at Bene-Berak (Lev. R. XXI,7 et al.). It would seem, from Ber. 28a, that Simeon had previously studied at Jabneh, under Gamaliel II. and Joshua b. Hananiah, and that he was the cause of the quarrel that broke out between these two chiefs...[2]

Mi basta scorrere poche righe della *Jewish Encyclopedia* per vacillare e rischiare di cadere nell'abisso della mia ignoranza. Termini che si sdoppiano in un'infinità caleidoscopica di sfaccettature, traslitterazioni multiformi, significati oscuri, multipli o ambiguamente frattalici...

Devo prendere una posizione chiara, una linea di condotta precisa o non saprò mai portare a termine questo pur modesto lavoro: parlerò di Shimon in modo elementare, con un linguaggio semplice per descriverne sommariamente la vita e l'opera, cercando di inquadrare il *personaggio* all'interno della sua epoca, badando bene però a non addentrarmi in campi che mal padroneggio e che mi porterebbero a un'infinità di avventate digressioni...

***

Yochai e Sarah non riuscivano ad avere figli.

Com'era usanza, Yochai iniziò ad accarezzare l'idea di ripudiare la donna e per non perder tempo si recò da un sensale affinché gli trovasse al più presto una nuova compagna in grado di garantirgli una discendenza.

Sarah, saputolo, pianse tutte le sue lacrime, pregò Dio, pregò con fervore, distribuì elemosine ai poveri, digiunò e pregò ancora. Fece tutto in modo discreto, quasi per non darla vinta al marito.

L'uomo allora fece uno strano sogno: una misteriosa figura in una fitta foresta annaffiava con una capiente brocca alcuni alberi rinsecchiti che magicamente riprendevano vita. Ad un tratto, poi, questi si accostò a Yochai e gli diede una piccola fiala piena di quella che sembrava essere la medesima sostanza della brocca. Ad egli parve strano ricevere una così modesta quantità di quel liquido miracoloso, ma non lo diede a vedere, ringraziò e con esso asperse un tronco rinsecchito che subito riprese vita coprendosi di foglie e frutti.

Svegliatosi, raccontò il sogno alla moglie e insieme si recarono dal maestro Akiva[3].

Udito il racconto, il maestro confermò quanto i due avevano solo osato sperare – Le preghiere di Sarah non sono rimaste inascoltate; l'acqua della fiala era colma delle sue lacrime... Il Signore benedirà la vostra casa con la nascita di un figlio che sarà l'orgoglio d'Israele per la sua purezza e la sua saggezza.

Il bambino nacque il giorno di *Shavuòt* (la ricorrenza nella quale si celebra la rivelazione divina a Mosè sul monte Sinai) e fu chiamato Shimon (da *lishmoa*, לשמוע, *sentire* in ebraico) perché Dio non era stato insensibile alle loro preghiere[4].

Affidato alle cure delle menti più brillanti dell'epoca, (fra le quali lo stesso rabbi Akiva), Shimon crebbe in sapienza e conoscenza sino a divenire egli stesso un maestro fra i più rispettati e influenti.

A differenza del padre, non così ostile ai dominatori romani, Shimon, col tempo, soprattutto dopo l'incarcerazione e la morte di Akiva, iniziò a manifestare loro aperte critiche.

Il governatore romano, saputolo, non esitò a decretare la morte di Shimon e del figlio Eleazar[5]. Questi, allora, non poterono far altro che fuggire e nascondersi in un'angusta grotta, nei pressi del villaggio di Peki'in, poco discosto dal monte Meron[6].

Al loro arrivo, una fonte d'acqua pura e un carrubo sorsero vicino all'ingresso della cavità e ancor più miracolosamente l'alberello prese da subito a dare frutti[7]. Restarono per dodici anni, segregati in quella scomoda dimora, pregando e studiando senza posa e ottenendo prodigiose rivelazioni sui misteri della Cabala.

Al termine di questo periodo Elia apparve loro e sembrò esortarli a uscire, ma essi, lasciata la grotta, si resero presto conto che ogni cosa sulla quale posavano lo sguardo veniva, loro malgrado, istantaneamente incenerita. Allora un'*eco celeste* li ammonì – Siete forse emersi per distruggere il *mio* mondo? Tornate nella vostra caverna!

Così trascorsero altri dodici mesi nella cavità fintanto che l'eco celeste non gli ordinò di uscire[8, 9].

Morto l'imperatore e revocati i decreti avversi, Shimon

Shimon bar Yochai in una vecchia cartolina postale, (particolare)

prese a insegnare quanto aveva avuto la grazia di discernere negli anni d'intenso studio e meditazione della cattività, (è, infatti, consuetudine attribuire a rabbi Shimon la paternità dello Zohar[10], testo base per lo studio della Cabala ancora oggi).

Autore di svariati miracoli[11], vale la pena ricordare almeno quello in epigrafe, compiuto a Roma quando, alla guida di un manipolo di saggi, cercava di ottenere l'abrogazione di alcune leggi contrarie al popolo d'Israele.

Si stabilì quindi, con tutta probabilità, a Meron e vi restò sino alla fine dei suoi giorni[12].

Prima della sua dipartita, avvenuta il 18° giorno del mese di Iyar, il 33° del periodo detto dell'*Omer*, (160 e.v.) egli chiese espressamente che il giorno dell'*anniversario della* (sua) *morte* (*hillula*, הילולא, in ebraico) divenisse, negli anni a seguire, un giorno di festa. Si narra che anche in quei suoi ultimi istanti terreni il maestro non cessò di insegnare e anzi le sue rivelazioni cabalistiche furono tante e tali che pure la luce del dì si protrasse oltre il dovuto per consentirgli di terminare con agio.

Molti altri prodigi accaddero quel giorno[13].

Monte Meron

E' il monte più alto d'Israele all'interno della *Linea Verde*, il confine tracciato nel 1949 in seguito all'armistizio di Rodi siglato al termine del conflitto arabo-israeliano[14].

Vista satellitare del monte ( ) e del santuario ( ) sulle sue propaggini orientali; nei pressi il moshav Meron, (fonte: zoom.earth)

Pellegrini davanti all'antica sinagoga di Meron, autore anonimo, fine XIX sec. [?]
(tratta da I. Raffalovich, M.E. Sachs, מראה ארץ ישראל והמושבות, Frankfurt am Main, s.e., 1899)

Appartiene a quelle che, senza troppa fantasia, vengono definite Montagne della Galilea. Alto 1208 metri, è il rilievo principale della breve catena omonima, disposta secondo un'asse E.NE-O.SO, ultime ondulazioni delle bibliche montagne di Neftali.

Il clima dell'area, come quello di tutta l'alta Galilea, è gradevole per buona parte dell'anno con estati relativamente fresche e inverni miti durante i quali non è infrequente il verificarsi di effimere brevi nevicate.

La vegetazione è rigogliosa: querce di Palestina e di Aleppo (o di Cipro) si alternano a lentischi e pruni selvatici[15]; la fauna è estremamente variegata: cinghiali, martore, iraci e puzzole trovano rifugio nell'area come anche alcune timide gazzelle di montagna e qualche sciacallo[16]. Lo stato israeliano ha istituito una vasta riserva naturale per tutelare questo significativo patrimonio naturale.

Saphet, [sullo sfondo il monte Meron], disegno di J. d'Estourmel, (per gentile concessione della British Library di Londra)

Come un po'ovunque in Israele, anche lungo le pendici del monte sono stati fatti svariati ritrovamenti archeologici: tutti di modesto interesse ad eccezione dei resti di una sinagoga del IV sec. e.v.[17]

Dal punto di vista idrografico, la breve catena del Meron rappresenta il displuvio fra i due differenti bacini del Mediterraneo e del rift del Giordano[18].

Agli strati gessosi e calcarei che formano la prevalenza dei suoli dell'alta Galilea se ne aggiungono altri di dolomia, ben più frequenti a meridione, proprio a partire dall'area del monte Meron[19], che grazie ad un ulteriore, superficiale, strato di terra rossa la rendono particolarmente vocata per l'agricoltura. Poco discosti dal moshav Meron, sorto nel '49 sui resti del distrutto villaggio palestinese di Meiron, si stendono vasti vigneti.

Oltre ai sepolcri di rabbi Shimon bar Yochai (oggetto della citata partecipatissima hillula) e del figlio Eleazar vi sono, nei pressi, anche quelle di altri venerati maestri[20].

Non si può parlare del monte Meron senza fare almeno un accenno alla vicina Safed, arroccata sul monte omonimo a 900 metri di altezza, una delle quattro *città sante* dell'ebraismo, dalla quale principiano i festeggiamenti del Lag b'Omer che poi troveranno il culmine nel vicino villaggio di Meron.

> Ces Juifs sont attirés par leurs traditions religieuses, ou pour mieux dire par les rêveries que leurs rabbins y ont substituées; ils se sont persuadés que le Messie doit d'abord paraître à Saphet, y rester quarante ans, puis aller régner à Jérusalem[21].

Sebbene non faccia nulla per nascondere il proprio scetticismo, il conte d'Estourmel ci riporta la credenza secondo la quale il Messia, dopo essere emerso dalle acque del lago di Tiberiade troverà posto sul trono proprio nella città dell'alta Galilea.

Per tale motivo, (oltre che per la felice collocazione dalla

Northern views. Meiron near Safad. Tomb of Rabbi Bar Johai [...], (per gentile concessione della Library of Congress di Washington)[23]

quale si gode una spettacolare vista che spazia dal mare di Galilea sino alla piana di Esdraelon oltre che sul venerato monte Meron), Safed ha attratto, nei secoli, i principali maestri delle diverse *anime* dell'ebraismo sin dalla lontana Europa divenendo, fra l'altro, il più importante centro di cultura e insegnamento della Cabala.

Hillula e Lag b'Omer: festosa con*fusione*

Il più volte citato Beniamino di Tudela non ne fa menzione. Dalla sua sorta di *conta* della presenza ebraica nei diversi luoghi visitati, fra il 1160 e il 1173, emerge una situazione, da tale punto di vista, sconfortante: a «Maron» non trova posto alcun israelita eccezion fatta per quelli che ivi sono sepolti, fra i quali ricorda rabbi Hillel e rabbi Shamai...[24]

Rabbi europei, geografi arabi, viaggiatori turchi, a partire dal XIII sec., iniziano a riportare nei propri resoconti della presenza delle tombe di Shimon e di Eleazar ma confermano altresì l'assoluta assenza di popolazione di fede ebraica e tacciono circa la celebrazione dell'hillula.

Solo nel XVII sec. il turco Evliya Tshelebi parla di un festival ebraico che richiamava migliaia di persone, fra cui anche molti Drusi e Yazidi[26].

Nella prima metà del XIX sec., però, il santuario versa in condizioni pessime, anche a seguito del terremoto che nel 1837 squassò la Palestina. I membri di una famiglia di Safed, gli Abbo, *notabili* della zona, impegnati in azioni filantropiche e di promozione territoriale a favore della popolazione ebraica, in epoca pre-sionista, s'incaricano della sua ristrutturazione.

Worshippers standing on the roof of one of the buildings at the tomb of rabbi Shimon bar Yohai during the celebrations of the "Lag b'Omer" holiday, 1939, (per gentile concessione del Government Press Office [Photography dept.] di Gerusalemme)[25]

Le autorità religiose della città si fanno latrici della gratitudine popolare e consegnano agli Abbo una preziosa torah, la stessa che ancora oggi i discendenti di tale famiglia custodiscono gelosamente nella loro storica dimora nel *cuore* di Safed, e che tanta parte ha ogni anno nelle celebrazioni del Lag b'Omer.

Lag b'Omer, letteralmente il *33° giorno dell'Omer,* ovvero di quel periodo di lutto di sette settimane che intercorre fra il secondo giorno di Pesach e la festività di Shavuòt.

In questo giorno la misteriosa piaga divina, che arrivò a falcidiare ben 24000 discepoli di rabbi Akiva, si arrestò. Shimon fu fra i pochi a salvarsi.

Anni più tardi, nel medesimo giorno rabbi Shimon morì ma per sua espressa volontà da allora quel giorno avrebbe dovuto essere un giorno di festa.

Queste due sono da ritenersi le principali ragioni che hanno fatto sì che col tempo proprio quel giorno si potesse, anzi si dovesse, interrompere il periodo dell'Omer, con le sue prescrizioni e proibizioni, con un *luminoso* giorno di festa.

The custom of going to Meron on Lag b'Omer, to the celebration called "the Rejoicing of our rabbi Shimon bar Yochai", originates in the belief that this is the day of the death of Shimon bar Yochai, one of the wisest and bravest of the pupils of rabbi Akiba. For the sages decided long ago that when a good man dies, that day should be one of rejoicing and not of mourning[27].

Come felicemente sintetizzato nel breve brano appena citato le celebrazioni annuali in memoria del *Rashbi*[28] e del Lag b'Omer si compenetrano, si fondono e in parte si motivano a vicenda.

Sulla base di queste motivazioni si sono stratificate nel tempo varie usanze che caratterizzano questa festa che, seppur celebrata oggi *ai quattro angoli* del pianeta, assumono sul monte Meron e a Safed un significato ed una valenza dal rilievo indicibilmente maggiore.

Mangiare i dolci baccelli del carrubo rievoca la cattività di Shimon

De grot van Chaim-bar-Jochai, de vader van de Talmoed, 1948, (per gentile concessione del Nationaal Archief dell'Aia)[29]

ed Eleazar nella grotta di Peki'in e l'alberello miracoloso che contribuì a sfamarli con i propri frutti.

Il periodo di lutto che i fedeli osservanti rispettano durante tutto il *conteggio* dell'Omer, in memoria degli allievi del maestro Akiva deceduti nel I sec. e.v., conosce un giorno di sospensione dal tramonto del 32° giorno al tramonto del 33°, quando gli effetti di tale piaga iniziarono a scemare. Musica, canti e balli, sino allora proibiti, erompono improvvisi e si protraggono per tutta la notte.

Dopo aver pregato sulla tomba del Rashbi (e di Eleazar), per rispettarne le volontà, l'anniversario della sua morte si trasforma in un giorno di festa famigliare e collettiva nel quale si organizzano allegri picnic.

Per rievocare gli ultimi istanti della vita terrena dell'autore del *libro dello splendore*, lo Zohar, quando anche l'alternanza del dì e della notte venne sconvolta e la casa nella quale egli si trovava (ove, in ultimo, affidò ai suoi discepoli più fedeli le più luminose rivelazioni) fu avvolta da alte lingue di fuoco, è consuetudine rischiarare la notte accendendo torce e imponenti falò.

I matrimoni celebrati questo giorno sono benedetti dai migliori auspici.

Per il *primo taglio dei capelli* (*upsherin*, אפשערן, in yiddish) dei propri figli maschi, i *fedeli ortodossi* (*haredim*, חרדים, in ebraico) usano attendere il compimento del terzo anno d'età, al fine di consentire un'agevole individuazione dei peyot, e celebrano l'occasione offrendo un banchetto. Se tale giorno cade all'interno dell'Omer è consuetudine effettuare l'operazione in questo giorno di festa. Se poi si ha la fortuna di poter affidare il compito a uno dei molti rispettati rabbi presenti nel santuario per l'occasione... è festa grande!

I bambini giocano con arco e frecce giocattolo, perlopiù autocostruiti, per ricordare l'arco, che Dio pose in cielo [arcobaleno] a diluvio avvenuto, emblema della sua alleanza con ogni essere vivente, *promemoria* divino in grado di scongiurare eventuali altre ire funeste[30] che, bastante la santità protettrice di Shimon, durante tutto il periodo della sua esistenza si racconta non sia mai apparso[31].

Diario etnografico

È sufficiente poco più di mezz'ora d'autobus da Tiberiade per raggiungere Safed: lascio una città torrida, adagiata in un catino rovente sotto il livello del mare, per un'altra senz'altro più vivibile a circa 900 metri di quota.

L'accogliente casetta che ho affittato si trova giusto in cima a uno dei colli sui quali è posta la città ed è facilmente raggiungibile con i mezzi pubblici urbani. Giusto il tempo di lasciare i bagagli e mi riavvio per tornare nella città vecchia. Sono circa le dieci e mezza.

Una gentile signora, di chiare ascendenze russe, mi offre un passaggio in auto e raggiungo la mia meta in pochi minuti. Sono già stato a Safed in passato ma le uniche cose che ricordo sono le ordinate scolaresche, dalle divise blu-verdi, in una giornata piovosa e il buio interno della sinagoga dedicata ad ARI.

Centri di studi religiosi e alcune fra le più celebri e storiche sinagoghe di tutta Israele attirano in città un flusso costante di visitatori.

Sono circa le undici quando arrivo in piazza Abbo. Sul piccolo slargo si affaccia l'abitazione della famiglia da cui prende il nome e dalla quale dipartirà la tradizionale processione che, da quasi duecento anni, rappresenta l'avvio formale dei festeggiamenti del Lag b'Omer fra Safed e il vicino villaggio di Meron[32].

L'alto muro che cinge il cortile è tinto con il caratteristico blu, simbolo di santità, che si può ritrovare nelle sinagoghe e sulle tombe dei molti venerati maestri che, dopo una vita di studio e insegnamento, originari della città o trasferitivisi sin dalla lontana Europa, ora riposano nel vecchio cimitero.

Anche il cortile interno e la casa non difettano di tale colore. Tutto è allestito per accogliere la cittadinanza (e qualche *intruso*, come il sottoscritto). Vi sono molte sedie di plastica disposte ordinatamente. Altre si trovano su di una terrazza adiacente che si affaccia sulla valle e dalla quale si gode una splendida vista della catena del Meron. Alcune sedie di legno sono chiaramente destinate alle autorità, civili e religiose, e ai padroni di casa.

Il ruolo di questi anfitrioni è assai importante: custodiscono la preziosa torah che sarà al centro della lunga processione, organizzano annualmente l'evento e aprono la propria casa a chiunque abbia piacere di parteciparvi. Si può entrare in alcune stanze a pianterreno per trovarvi refrigerio. Bevande e spuntini sono offerti in grande quantità.

Piazza Abbo e ingresso dell'abitazione omonima. Safed - Galilea

Banda da giro nel cortile di casa Abbo. Safed - Galilea

Così, riposato e rifocillato, mi siedo comodamente nell'attesa che *tutto* abbia inizio. Una *banda da giro*, opportunamente ingaggiata, prova alcuni brani su di un palco allestito per l'occasione. L'ombra è garantita ai presenti da numerosi teli tesi sopra lo spazio aperto.

Nel frattempo, a poco a poco gli spazi si affollano. I figli della famiglia ospite, instancabili, sono perennemente affaccendati nel distribuire dolci e bevande a quanti sono nel cortile e a quelli assiepati nella piazzetta esterna. I genitori curano le pubbliche relazioni salutando e accogliendo i vari ospiti. Quello che immagino essere il nonno dei ragazzini, con fare sbrigativo, cura gli ultimi dettagli.

Arrivati il sindaco e un paio dei rabbi attesi, (e trovato posto accanto ai padroni di casa), la festa può iniziare.

I musici *scaldano* la platea con brani ritmati e coinvolgenti, ma è solo quando un cantante, che li sostituisce brevemente accompagnato da una semplice base registrata, intona uno degli inni dedicati a Shimon bar Yochai, che tutti i presenti iniziano a cantare in coro.

È ora il momento dei discorsi, ufficiali: quelli dei rabbini (che una volta terminati subito si congedano), del sindaco e del padrone di casa e... *semiufficiali,* quando un corpulento religioso di estrazione indefinita, abbigliato in modo più estroso dei suoi *colleghi,* dotato di microfono e amplificatore, si lancia in una sorta di sermone che viene apprezzato forse ancor di più degli interventi precedenti.

Nel frattempo, è tutto un susseguirsi di persone che si avvicinano all'edicola, scostano la pesante tenda di velluto blu, baciano il *tik* d'argento istoriato che custodisce i rotoli della famosa torah e, apponendovi le mani, si soffermano per qualche istante di preghiera.

Balli nel cortile di casa Abbo. Safed - Galilea

Giunge il momento che la torah esca dalla sua arca di mattoni: a quest'operazione provvedono i padroni di casa.

È poi la volta del sindaco, che si fa ritrarre mentre sorregge il pesante scrigno a probabile uso della stampa. Poi, a suon di musica, il contenitore passa di mano in mano compiendo vorticose evoluzioni. Scostate le sedie, il cortile si trasforma in una pista da ballo e le danze possono prendere il via: disordinate o in cerchio, con i molti bambini protagonisti...

Frattanto, la torah, danzando anch'essa, viene via via adornata da veli che le donne presenti si tolgono dal capo e vi fissano su in vario modo.

Sono circa le due quando dopo svariati canti e balli, preceduto della banda, il venerato oggetto lascia casa Abbo e viene condotto lungo le stradine del centro storico.

Una piccola folla s'incammina in processione sempre danzando e cantando. Gli uomini, a turno, si passano la torah e orgogliosi si fanno ritrarre da amici e fotografi dell'evento. Le donne, se ne fanno richiesta, possono avvicinarsi per baciarne lo scrigno o annodarvi un velo.

Le vie, irte e ricche di gradini, del centro di Safed sembrano non finire mai ed evidentemente ci si propone di percorrerle tutte... Nel frattempo i partecipanti alla processione crescono di numero: siamo ora in svariate centinaia.

A danze e canti si alternano alcune soste dove il vegliardo della famiglia Abbo, da vero maestro di cerimonie, agitando un bastone anch'esso decorato da svariati veli colorati, arringa la folla con accalorati discorsi che associano i vari luoghi attraversati ad interessanti aneddoti.

Di tanto in tanto alcune donne che assistono alla parata lanciano caramelle verso il tik avendo cura di centrare il bersaglio.

Processione al seguito della torah: lo scrigno decorato con fiori recisi e veli colorati. Safed - Galilea

Mi viene da pensare, ma è una mera ipotesi, che oltre a rappresentare una specie di omaggio, il contatto con l'oggetto renda i dolciumi in qualche modo *speciali*. Essi, infatti, sono prede ambite non solo dei bambini, che vi si buttano sopra lesti, ma anche degli adulti. Esse non vengono consumate ma riposte in sporte improvvisate.

Sono le quattro e la processione, raggiunte alcune strade carrozzabili, si sposta dalla zona degli artisti, ricca di botteghe e gallerie, a quella più meramente commerciale.

Processione al seguito della torah fra le vie del centro storico. Safed - Galilea

Una delle molte tavole imbandite per rifocillare i partecipanti alla processione. Safed - Galilea

Molti negozianti hanno approntato tavole imbandite sulle quali i processionanti trovano bevande e cibarie varie. Altri, muniti di casse colme di lattine di bibite gassate e ghiaccioli o con vassoi ricolmi di dolci ne distribuiscono il contenuto a quanti stanno sfilando.

Anche in questo caso, come in quello delle caramelle, mi vien da pensare che questa generosità nei confronti di chi sta onorando la Torah (e indirettamente il Rashbi), sobbarcandosi ore di peregrinazione sotto il sole, non sia tanto per allietarne la marcia quanto per ottenere benevolenza divina e ingraziarsi il santo (prima col contatto con lo scrigno, poi aiutando i peregrinanti, si compirebbe una sorta di magia simpatica).

Nel frattempo non solo i preziosi rotoli ma anche il radiomicrofono passa di mano in mano. Molti intervengono intonando un canto o un'invocazione legata a Shimon ricevendo di rimando il plauso della folla e un sicuro seguito nel portare a termine il brano avviato.

Gli uomini della famiglia Abbo hanno un ruolo centrale in tutta la processione: seguono costantemente la torah e talvolta la portano essi stessi. Non vengono meno al loro ruolo di custodi ma assolvono tale compito in modo sobrio, senza ostentare protagonismo.

Il continuo avvicendarsi fra i portatori danzanti pare testimoniare quanto essa appartenga a tutta la collettività.

(Per pudore, preferisco gentilmente declinare l'offerta di portare a mia volta la torah...)

Sono circa le cinque e mezza quando, nei pressi della stazione degli autobus, la processione rincontra i due rabbini del mattino. Questi accolgono lo scrigno e non disdegnano di danzare, prendendosi per mano e ballando in cerchio con i presenti.

Alcune delle auto con le quali custodi e autorità condurranno la torah alla vicina Meron. Safed - Galilea

Alcune auto addobbate con fiori, bandierine ed effigi del santo sono ferme ai lati della strada. Dopo altri interminabili discorsi, canti, un ultimo intervento del sindaco e una toccante preghiera, recitata collettivamente, dove tutti pongono vicendevolmente le mani sul capo del proprio vicino, la torah *parte* alla volta del monte Meron.

Sono le sei quando il piccolo corteo motorizzato si avvia. Un istante dopo scatta l'assalto alle navette che, più prosaicamente, porteranno i devoti ai piedi del sito.

(E' utile notare che neppure un haredim ha sinora preso parte alla processione).

Preghiera collettiva al termine della processione. Safed - Galilea

A bordo di una delle navette dirette alla tomba di rabbi Shimon bar Yochai. Meron - Galilea

Da buon italiano, salgo a bordo senza biglietto e, forte di alcune incerte indicazioni iniziali dell'autista, faccio le mie rimostranze quando un controllore me ne chiede conto, spuntandola.

Si respira un'aria elettrica sul bus. I volti sono quelli di chi si sta preparando a una grande festa, attesa da un anno intero. Giusto il tempo di sedermi che il mezzo si mette in moto.

Lungo la strada, che da Safed conduce al santuario, postazioni della polizia a ogni incrocio (o rondò) deviano il traffico *normale* consentendo agli innumerevoli autobus di devoti di proseguire indisturbati.

Devoti appena scesi dagli autobus si apprestano ad effettuare la breve ascesa al santuario. Meron - Galilea

Il nostro mezzo confluisce in una sorta di carovana composta di autobus provenienti dai quattro angoli d'Israele. Sterminati spiazzi sterrati sono affollati di tali veicoli già parcheggiati. Altri spazi fungono da *quartier generale* per polizia, esercito e protezione civile. Giovani soldati di leva sono in ogni dove.

Sceso dalla navetta, vengo inghiottito dalla *fiumana* che scorre verso il sito. Altoparlanti collocati un po' ovunque, riproducono una voce che, senza posa, pare fornire istruzioni utili ai pellegrini.

Sono le sette passate ed è ormai quasi buio. La folla scorre incessante e sembra non aver fine.

Il sepolcro è posto sulle prime propaggini del monte Meron; una ripida strada sale in tale direzione.

Da essa si dipartono varie strade laterali caotiche e, a una prima occhiata superficiale, insensate. Applicando la regola «se c'è gente ci sarà di certo qualcosa d'interessante» seguo la prima divaricazione lungo la quale si accalcano decine di uomini. Mi ritrovo in uno spazio coperto, aperto sui quattro lati, dove comodi dispensatori erogano, a scelta, acqua o un liquido rosso (assimilabile a succo di mirtillo annacquato) in quantità illimitata; capienti ceste sono ricolme di stucchevoli croissant al cioccolato mal lievitati (una *specialità* tipica israeliana...), alcuni dei quali già mordicchiati. Non mi pare il momento di fare lo schizzinoso e ne ingoio un paio di quelli apparentemente intatti quasi senza masticare.

Vista confermata la bontà della *regola d'oro* appena accennata, giunto quasi al termine della salita, seguo la fiumana che inspiegabilmente piega a sinistra in una strada laterale.

Cammino su di un tappeto di cartacce costituito da ogni sorta di volantino: distribuiti copiosamente a ogni angolo, vengono gettati a terra dopo qualche istante.

Chioschi e bancarelle nei pressi del santuario. Meron - Galilea

Spazio aperto antistante l'ingresso dei sepolcri. Meron - Galilea

Dopo i primi infruttuosi tentativi di schivare i molti questuanti, sia uomini sia donne, mi fermo, estraggo tutte le monete dal portafogli e le caccio in tasca in modo da poterle centellinare con le mani senza essere notato. Ne faccio scivolare un paio in ogni bicchierone tintinnante agitatomi sotto il naso, non importa di quale valore: ottengo sorrisi, pacche sulle spalle, santini e benedizioni a iosa.

Come sospinto da mani invisibili, al ritmo di musiche stordenti, passo velocemente oltre le ennesime enormi bancarelle ricolme di ogni sorta di mercanzia e mi ritrovo di fronte all'ingresso del santuario.

Mi accorgo che poco sopra, separato da una barriera, anche visiva, vi è l'accesso riservato alle donne.

M'immergo nella folla che si accalca all'interno e mi ritrovo in un primo spazio, sulla sinistra una rampa di scale porta a un piano superiore, di fronte a me il varco che immagino conduca al sepolcro.

Strattonato, stritolato, spintonato, scalciato, vengo sballottato qua e là, e finisco spiaccicato contro una parete. L'unico rischio che non corro è quello di cadere.

Centinaia di abiti neri, barbe gocciolanti, arricciati peyot ondeggianti, cappelli dalle varie fogge, *kippah* che scivolano a terra dispettose, un afrore intenso, un misto di sudore e igiene sommaria, un caldo insopportabile, il frastuono di mille orazioni mormorate, cantate o urlate e decido di abbandonare questa seconda sala grazie ad un'uscita che mi riporta inaspettatamente all'aperto.

La mia paura è di gettarmi in tale mischia e *mancare il bersaglio*. Chiedo conferma a un addetto della protezione civile che inaspettatamente parla *anglit*[33] e mi conferma che − si in quella sala che ho appena lasciato c'è la tomba di Shimon bar Yochai.

Sala dei sepolcri. Meron - Galilea

Ora non ti resta che rifare tutta la trafila oppure meglio ancora sarebbe… – aggiunge squadrandomi e sapendomi *antropologo* e *not-Jewish* per mia stessa ammissione, che rinunciassi perché il luogo era, come avevo potuto costatare – *extremely crowded!*[34]

Perché invece non andare sul piazzale al piano superiore (di fatto sopra la sala del sepolcro): verso le otto sarebbero iniziate le procedure per l'accensione di uno dei tradizionali falò? Mi consiglia ancora.

Ma stiamo scherzando!? – ribatto di rimando e, come un guizzante salmone, mi rigetto nella mischia e a suon di spintoni e gomitate risalgo la corrente. Combatto per alcuni minuti e riesco ad avvicinarmi fino a qualche metro dal vetro traslucido, fiocamente illuminato, che cela il sepolcro (o cenotafio) di rabbi Shimon.

Vicino al sepolcro di Shimon bar Yochai, Meron - Galilea

Una delle preoccupazioni e far si che lo *smartphone*, instancabile *catturatore* d'immagini, non mi sfugga di mano nella calca: sarebbe perso e con esso tutta la documentazione visiva di questa trasferta israeliana (mi resterebbe solo il mio misero taccuino degli schizzi).

Mi ritengo soddisfatto e a forza di spintoni, dati e subiti, vengo nuovamente *sputato* fuori dalla nota uscita.

I've done it! – faccio al solito addetto – *... and the tomb of rabbi Eleazar?* – chiedo.

It's at the other side of the same room... – mi dice.

Ok! Another time! It's enough... – *faccio* io ridendo[35].

A passo svelto mi recò nella piazza che, di fatto, è comunicante con i tetti del santuario dai quali *spuntano* diverse cupole tinte di blu, la principale sovrasta la sala che ho appena lasciato.

Alle mie spalle s'innalzano svariate impressionanti tribune: quelle in posizione più favorevole destinate agli uomini le altre, più defilate, alle donne e ai bambini.

Gli spalti sono gremiti all'inverosimile e non mi resta che approssimarmi alla barriera che separa lo spiazzo dal tetto e trovarmi un accettabile punto di osservazione. Sono a più di cinquanta metri da dove, ipotizzo, si svolgeranno le *operazioni* ovvero alcune passerelle poste a cavallo delle cupole, sopra ai luoghi più sacri dell'intero santuario.

Nel frattempo, amplificate e veicolate dagli immancabili altoparlanti, le voci d'ignoti celebranti guidano la preghiera snocciolando litanie, cui fanno pronta eco le voci di decine di migliaia di devoti.

Folla di devoti sui tetti del santuario di Shimon bar Yochai, Meron - Galilea

Tribune gremite aggettanti sui tetti del santuario. Meron - Galilea

Inebriata dalla sacralità del momento e dal contesto, ravvivata dalla fresca brezza notturna, quella moltitudine di individui pare sentire in sé la forza di un unico corpo che si scuote, che oscilla e prega.

Tutti diversi eppure, tutti simili, nei gesti, nei colori e nell'abbigliamento, tutti parte di un *mondo* ai più indecifrabile...

A volte le invocazioni sono cantate e allora pare che la terra e l'aria stessa vibrino all'unisono con il sussultare e l'ondeggiare di quella massa di uomini mentre disegnano dinamiche geometrie come le arcane evoluzioni di stornelli nei cieli estivi.

Accensione del primo falò. Santuario di rabbi Shimon bar Yochai. Meron - Galilea

Mi volto e noto che la vasta area in cui mi trovo, (ampia come un paio di campi di calcio), si è riempita all'inverosimile, quanto la nota sala del sepolcro e, manco a dirlo, anche qui entra in vigore lo stesso *galateo*. Di tanto in tanto qualcuno si spazientisce e *carica,* spintonando senza troppi complimenti i vicini. Poco male: non c'è il rischio di cadere, tanto si è pigiati!

Nel frattempo, in lontananza scorgo alcune autorità religiose che si avvicendano nell'aggiungere pezze di stoffa bianca ad alte pile irrorandole con lentezza di olio infiammabile: la preparazione per l'accensione dei falò pare a buon punto.

L'avvio della combustione è lentissimo e ci vuole una buona mezz'ora perchè il primo falò si mostri in tutta la sua vigoria.

Da quel momento, la folla di fedeli, che sino allora si era prodotta in suggestivi canti e invocazioni, ora proferite a gran voce ora appena sussurrate come bassi mormorii dal sapore *mantrico*, esplode in canti urlati a squarciagola accompagnati da liberatori e ritmici salti (quasi come il *pogare* a un concerto di musica punk).

Se prima ero come in un campo di grano, con neri steli oscillanti e sferzati dal vento, ora mi trovo immerso in un oceano in tempesta...

Quando spontaneamente si avviano balli in cerchio è un vero *finimondo;* mentre sulle tribune non posson far altro che continuare a saltare e sussultare.

Non è facile renderlo a parole.

Si salta e si balla: la festa del Lag b'Omer! Meron - Galilea

Dopo più di due ore di tali esercizi mi ritengo soddisfatto e ormai *maestro dello spintone* mi faccio largo: in circa un quarto d'ora riesco a fare il centinaio di metri che mi separa dall'uscita del piazzale. All'esterno una miriade di persone, in prevalenza donne e bambini, ancora più nutrita di quella appena lasciata, cerca di seguire su megaschermi quanto succede. (Non azzardo cifre ma, l'indomani i giornali parleranno di centinaia di migliaia di fedeli)[36].

La *ginnastica forzata* mi ha messo un'innegabile fame e mi aggrego alla torma di pellegrini che anziché defluire verso i bus piega lungo una delle molte vie trasversali. Mi trovo così in una mensa. Volontari distribuiscono riso e altre semplici pietanze. Gerle stracolme di panini accuratamente avvolti in film plastici sono ugualmente distribuiti a quanti ne fanno richiesta. I tavoli sono ingombri di piatti in buona parte svuotati solo a metà e panini appena addentati, bicchieri rovesciati un po' ovunque e con essi il loro contenuto zuccherino e appiccicoso.

Niente male – penso ingollando avidamente cucchiaiate di riso scondito e bevendo un'insolita gazzosa al gusto di ananas, arraffata da un pallet.

Tutto è gratuito, il che spiega anche, (in parte), tanto spreco e disordine. Se si vuole, si può lasciare qualche moneta in una scatola di cartone ed è la fine degli ultimi spiccioli che ho in tasca.

Un impeccabile servizio d'informazioni, reso da decine di giovanissimi volontari (tutti con la loro bella maglietta verde, a conferma della *passione* israeliana per le divise) fornisce, in inglese, indicazioni su come ritrovare la propria navetta.

Quella per Safed? Numero '0', settore rosso – mi dice una simpatica volontaria.

Basta seguire la sfilza di bandiere rosse, che segnala il percorso, per raggiungere il parcheggio contrassegnato con tale colore (ne esistono altri tre: giallo, verde e blu tutti ugualmente segnalati).

Una delle mense allestite nell'area del santuario in occasione del Lag b'Omer. Meron - Galilea

Falò fuori controllo. Lag b'Omer. Safed - Galilea

Non devo aver l'aria di chi ha proprio capito tutto e allora mi consegna una mappa del sito.

Nel frattempo, dagli altoparlanti, alle indicazioni in lingua ebraica se ne alternano altre analoghe in lingua inglese.

E' quasi mezzanotte quando parte la navetta e dopo un primo tratto percorso a passo d'uomo, incastrati in una lunga fila di autobus, attraversando svariate postazioni di polizia, imbocchiamo la strada per Safed. Ci vuole più di mezz'ora per percorrere i circa dieci chilometri che ci separano dalla cittadina.

Anche qui si sentono musiche provenire da varie parti e si scorgono falò improvvisati, alcuni dei quali, *sfuggiti di mano*, richiedono l'intervento dei vigili del fuoco. Di altri restano solo le braci che *arrossiscono* a ogni soffio di brezza.

Vista l'ora, non confido di trovare nessun bus e quindi m'incammino verso la mia temporanea dimora. Arranco, a tratti mi perdo, torno sui miei passi, non ho punti di riferimento e l'orografia dei luoghi certo non aiuta.

Finalmente, non so come, arrivo *a casa*. L'una è passata da un pezzo.

Giovedì, 3 Maggio 2018

Mi sveglio di buon mattino e dopo una sobria colazione, riassettata alla meglio la linda casetta, m'incammino che sono di poco passate le otto.

Grazie a un autobus arrivo alla stazione verso le otto e mezza. Munito di un incomprensibile *kartis* [37] salto sulla navetta e torno a Meron.

Il complesso è, se possibile, ancor più sporco del giorno precedente.

Cartacce. Santuario di Shimon bar Yochai. Meron - Galilea

Raggiunta la piazza, noto che un falò è ancora acceso.

Mi avvicino allora la zona dei fuochi. Nel mentre, quasi per caso, assisto ad un rito di upsherin: un padre con in braccio un piccolo bimbo dai lunghi riccioli biondi chiede a due rabbi se possono occuparsi del rito. Questi, con modi garbati, (piuttosto alieni dal tono generale della festa), tagliano una ciocca dopo l'altra e le consegnano al padre. Il bimbo appare smarrito e inconsapevole di quanto stia avvenendo. Si salvano solo due ciocche, i peyot, appena sopra le orecchie[38].

Visibilmente commossa, la madre osserva la scena da uno strappo praticato nel telo ombreggiante che costituisce la divisione dell'immancabile settore femminile di quell'area.

Upsherin durante il Lag b'Omer. Santuario di Shimon bar Yochai, Meron - Galilea

Risveglio. Santuario di Shimon bar Yochai. Meron - Galilea

Provo allora a tornare al sepolcro ma lì la *musica* non è cambiata e rinuncio.

Sulle tribune bivaccano le famiglie che vi hanno trascorso la notte. Immensi teli sono stati stesi sulla piazza per proteggerla dalla calura del giorno. Il clima è rilassato.

Sono circa le dieci e sto vagando sfaccendato quando m'imbatto in due ragazzini armati di arco e frecce...[30, 31]

Mi ritengo soddisfatto e mi confondo con la folla che sta lasciando il sito non prima però di aver fatto una capatina in mensa per procurarmi un pasto da portar via: un pane al sesamo e una ciotola di una salsa all'aglio e melanzana mi paiono un ottimo viatico.

Ragazzini con l'arco. Bimbo intonso (in primo piano). Santuario di Shimon bar Yochai. Meron - Galilea

Questa volta l'autobus che cerco è quello diretto a Gerusalemme ma il discorso è simile: parcheggio giallo, ultima fila...

Salgo e tento di acquistare un biglietto.

No kartis! ...shuttle for Yerushalayim[39] – mi dice sbrigativo l'autista, facendo cenno di *muovermi.*

Va' a capire... – penso perplesso.

Sosta intermedia in uno spiazzo terroso, con decine di bagni chimici in aree distinte per genere e chioschi per l'acquisto di vivande: sobria efficienza israeliana!

Arrivo a Gerusalemme all'una e dopo una lunga attesa riesco a salire sul bus n. 3: il cui percorso lambisce il quartiere di Mea Shearim, che ospita varie comunità ultraortodosse (e mi consente di avvicinarmi alla Città Vecchia). Le guide ne sconsigliano la visita: pare che i turisti non siano ben accolti in zona (ed è abbastanza improbabile che qualcuno si arrischi a prendere proprio quel mezzo di trasporto...).

L'aspetto poco *vacanziero,* le masserizie trasportate o forse un'inconscia attitudine camaleontica fan sì che il breve tragitto risulti tranquillo e piacevole.

Una volta sceso, faccio pochi passi e scorgo l'inconfondibile profilo della porta di Damasco: sono arrivato!

(Giusto in tempo per assistere, l'indomani, ad un inconsueto prologo del Giro d'Italia...).

---

[1] Allora Ben Temalion [un demone] venne loro incontro – È vostro desiderio che io vi accompagni?

A quelle parole rabbi Simeon pianse e disse – L'ancella della casa del mio antenato fu trovata degna di incontrare un angelo ben tre volte, mentre io non l'ho ancora incontrato neppure una volta. Comunque, fa' compiere il miracolo, non importa come.

Allora [il demone] avanzò e s'impossessò della figlia dell'imperatore.

Quando [rabbi Simeon] arrivò là, ordinò – Ben Temalion lasciala! Ben Temalion lasciala! – e mentre proclamava ciò, questo la lasciò.

Lui [apparentemente l'imperatore romano] disse loro – Potete chiedermi qualsiasi cosa desideriate!

Furono condotti nella casa del tesoro per prendere qualsiasi cosa avessero scelto.

J. Neusner [cura e traduzione di], *The Babylonian Talmud,* Hendrickson Publishers Inc, Peabody, 2011, Me'ilah 17b, [trad. it. dell'autore]

[2] Tanna del secondo secolo; supposto autore dello Zohar; nato in Galilea; morì, secondo la tradizione, a Meron, il 18 di *Iyyar* (= Lag be-'Omer). All'interno di Baraita, Midrash e Gemara il suo nome appare come Simeon o come Simeon ben Yohai, ma nella Mishnah, ad eccezione di Ḥag. I,7, viene sempre citato come R. Simeon. Fu uno dei principali allievi di Akiba, presso il quale studiò tredici anni a Bene-BeraK (Lev. XXI,7 et al.). Sembrerebbe, da Ber. 28a, che Simeon

avesse in precedenza studiato a Jabneh, sotto Gamaliel II. e Joshua b. Hananiah, e che fu la causa della lite che scoppiò tra questi due capi...

K. Kohler, M. Seligsohn, *Simeon Ben Yohai,* in (*The*) *Jewish Encyclopedia,* vol. XI, Funk and Wagnalls, New York - London, 1901, pp. 359-363, [trad. it. dell'autore]

[3]Rabbi Akiva (o Akiba) ben Yosef (Lod[?], 50[?] e.v. - Cesarea[?], 135[?] e.v.), rabbino ed erudito ebreo, martirizzato ed ucciso dai Romani.

[4]Y. Abarbanel, *Nachlat Avot,* D. e S. Ibn Nachmias e Y. Kaspote, Constantinople, 1505, 8:3

[5]

Yohai answered and said, 'All that they made they made for themselves; they built market-places, to set harlots in them; baths, to rejuvenate themselves; bridges, to levy tolls for them.' Now, Judah the son of proselytes went and related their talk, which reached the government. They decreed: Judah, who exalted [us], shall be exalted, Jose, who was silent, shall be exiled to Sepphoris; Simeon, who censured, let him be executed.

He and his son went and hid themselves in the Beth Amidrash, [and] his wife brought him bread and a mug of water and they dined. [But] when the decree became more severe be said to his son, 'Women are of unstable temperament: she may be put to the torture and expose us.' So they went and hid in a cave. A miracle occurred and a carob-tree and a water well were created for them. They would strip their garments and sit up to their necks in sand. The whole day they studied; when it was time for prayers they robed, covered themselves, prayed, and then put off their garments again, so that they should not wear out. Thus they dwelt twelve years in the cave. Then Elijah came and stood at the entrance to the cave and exclaimed, Who will inform the son of Yohai that the emperor is dead and his decree annulled? So they emerged. Seeing a man ploughing and sowing, they exclaimed, 'They forsake life eternal and engage in life temporal!' Whatever they cast their eyes upon was immediately burnt up. Thereupon a Heavenly Echo came forth and cried out, 'Have ye emerged to destroy My world: Return to your cave!' So they returned and dwelt there twelve months, saying, 'The punishment of the wicked in Gehenna is [limited to] twelve months.' A Heavenly Echo then came forth and said, 'Go forth from your cave!' Thus they issued: wherever R. Eleazar wounded, R. Simeon healed. Said he to him, 'My son! You and I are sufficient for the world.' On the eve of the Sabbath before sunset they saw an old man holding two bundles of myrtle and running at twilight. What are these for?' they asked him. 'They are in honour of the Sabbath,' he replied. 'But one should suffice you?'. One is for 'Remember' and one for 'Observe.' Said he to his son, 'See how precious are the commandments to Israel.' Thereat their minds were tranquilized. R. Phinehas b. Ya'ir his son-in-law heard [thereof] and went out to meet him. He took him into the baths and massaged his flesh. Seeing the clefts in his body he wept and the tears streamed from his eyes. 'Woe to me that I see you in such a state!' he cried out. 'Happy are you that you see me thus,' he retorted, 'for if you did not see me in such a state you would not find me thus [learned]. For originally, when R. Simeon b. Yohai raised a difficulty, R. Phinehas b. Ya'ir would give him thirteen answers, whereas subsequently when R. Phinehas b. Ya'ir raised a difficulty, R. Simeon b. Yohai would give him twenty-four answers.

J. Neusner, *op. cit.,* Shabbath 33b

[6]Z. Vilnay, *Legends of Palestine,* The Jewish Publication Society's Press, Philadelphia, 1932, pp. 401-402

[7]J. Neusner, *op. cit.,* Shabbath 33b

[8]*Ibidem*

[9]Un vero florilegio di leggende è sorto nel tempo attorno alla figura di rabbi Shimon: *gustosa* è quella che narra del modo trovato per sdebitarsi con la cittadinanza tiberiense, dopo essersi curato le numerose piaghe (procuratesi durante la permanenza nella grotta di Peki'in) presso le fonti termali della città. A mo' d'esempio se ne riporta uno stralcio:

HOW TIBERIAS WAS CLEANED

The town of Tiberias was built on a cemetery and for that reason many Jews and especially the priests refused to live there till Rabbi Simon the son of Yohai came and cleaned the town.

When R. Simon lived in hiding from the Romans in the cave of Meron, his body was afflicted with various skin diseases. And when he left the cave he took a bath in the hot spring of Tiberias and was cured.

Then he came to the inhabitants of Tiberias and asked them: "Is there anything that needs to be improved in your town?" He was told that there were places in the town which were considered unclean, but their exact location was not known and therefore the priests were afraid to approach the town.

Resolving to remove the uncleanness, R. Simon took seeds of the lupin plant* and sowed them in all these suspected places. The seeds did not grow in the places where the ground was hard and thus he understood that there were no dead bodies buried there. But in every case where the ground was soft because of the corpses beneath, the lupin seed grew and flourished.

In this manner R. Simon learned that these places were unclean, and thus with the help of the lupin plant he was able to determine the unclean places of the town.

To annoy and discredit R. Simon, a certain Samaritan secretly placed one of the dead bodies in a cleaned spot.

But R. Simon learned through the power of the Holy Spirit what the Samaritan had done, and said: "Let what is above the ground go down and what is below the ground come up."

Immediately the Samaritan was entombed.

A schoolmaster of the village Migdala, who mocked R. Simon for his declaration, was turned into a heap of bones.

*Lupinus termis

Z. Vilnay, *op. cit*, pp. 328-329

[10]L'attribuzione è controversa: secondo alcuni l'opera è di Moses de León, rabbino e cabalista spagnolo del XIII sec., altri invece riconoscono a quest'ultimo solo il ruolo di *curatore* degli scritti di Shimon bar Yochai.

[11]«Let R. Simeon b. Yohai go for he is experienced in miracles.»

J. Neusner, *op. cit.*, Me'ilah 17b

[12]La leggenda vuole che, giunta la sua ora, rabbi Eleazar bar Shimon venisse sepolto nel villaggio di Gush Halav. Tormentando i sogni degli uomini di Meron, il padre Shimon, li indusse a esumarne il corpo e a traslarlo accanto al proprio, dove si trova ancora oggi.

Z. Vilnay, *op. cit*, pp. 391-392

[13]D.C. Matt [a cura di], *Zohar, the book of enlightenment*, Paulist Press, New York, 1983, pp. 182-189

[14]Noto anche come confine *pre-1967*: dopo la cosiddetta guerra dei sei giorni (e l'annessione unilaterale israeliana delle alture del Golan), infatti, il rilievo più alto risulta essere il monte Hermon, nella catena dell'Antilibano, (sebbene secondo il diritto internazionale esso sia da considerarsi in territorio siriano).

[15]Rispettivamente: *Quercus calliprinos Webb, Quercus boissieri* (o *infectoria*), *Pistacia lentiscus L.* e *Prunus ursina Kotschy*.

[16]M.B. Qumsiyeh, *Mammals of the Holy Land*, Texas Tech University Press, 1996, p. 53

[17]Una leggenda narra di come la venuta del Messia coinciderà con il giorno nel quale quei pochi resti ancora in piedi cadranno.

[18]C. Serruya, *Geography*, in C. Serruya [a cura di], *Lake Kinneret*, W. Junk Publishers, Den Haag-Boston-London, 1978, pp. 7-10

[19]A. Rosenfeld, F. Hirsh, *The Cretaceous of Israel*, in J.K. Hall, V.A. Krasheninnikov, F. Hirsch, C. Benjamini, A. Flexer [a cura di], *Geological framework of the Levant. volume II: The Levantine Basin and Israel*, Historical Productions-Hall, Jerusalem, 2005, p. 412

[20]Hillel il vecchio (60 a.e.v.[?] - 7 e.v.[?]) e Shammai (50 a.e.v. circa - 30 e.v. circa); l'antico cimitero di Safed invece ospita le tombe di rabbi Isaak Luria (anche noto con lo pseudonimo di ARI, 1534-1572), rabbi Moshe Alshich (1508-1593), rabbi Joseph Caro (1488-1575) tutte accomunate dall'essere dipinte del cosiddetto *blu di Safed*. Il colore, che simboleggia la santità, la vicinanza a Dio e la cui presenza nei

manti di preghiera (*tallit*) è prescritta dalla Torah; avrebbe anche il potere di sviare le forze del male.

[21]   Questi ebrei sono attratti dalle loro tradizioni religiose, o piuttosto dalle fantasticherie che i loro rabbini hanno provveduto a rendere tali; si sono persuasi che il Messia dovrà apparire prima a Saphet, rimanervi per quarant'anni, poi andare a regnare a Gerusalemme.

J. d'Estourmel, *Journal d'un voyage en Orient*, I, Imprimerie de Crapelet, Paris, 1844, p. 371, [trad. it. dell'autore]

[22] *Ivi*, p. 370b

[23] G. Eric and Edith Matson Photograph Collection. Digitalizzazione da negativo in nitrato di cellulosa. [Approssimativamente] 1920-1933. Identificativo immagine: LC-M33-3478

[24] A. Asher [cura e traduzione di], *The Itinerary of Rabbi Benjamin of Tudela*, A. Asher & Co., London-Berlin, 1840, p. 82

[25] Fotografia di H. Pinn, National Photograph Collection

[26] S.H. Stephan [cura e traduzione di], L.A. Mayer [note di], *Evliya Tshelebi's Travels in Palestine*, vol. II, in «The Quarterly of the Department of Antiquities in Palestine», n. 4, 1935, pp. 154-155

[27] A.L. Goldman, O. Kessary, *The Burning Bush*, Karni Publishers, Tel Aviv, 1957, p. 54

[28] Acronimo di Rabbi Shimon Bar *Iochai*, spesso usato per indicare tale figura.

[29] Fotografia di W. van de Poll, Fotocollectie Van de Poll, digitalizzazione da negativo plastico 6x6cm, numero di inventario: 2.24.14.02, identificativo immagine: 255-0120

Annotatie: Volgens de overlevering bevindt zich in Peki'in de schuilplaats waar Rabbi Shimon bar Yochai en zijn zoon zich gedurende 13 jaar verstopten voor de Romeinen (1e eeuw na Christus).

[30]   Io stabilisco la mia alleanza con voi: «non sarà più distrutto nessun vivente dalle acque del diluvio, né più il diluvio devasterà la terra».

Dio disse: «Questo è il segno dell'alleanza, che io pongo tra me e voi e tra ogni essere vivente che è con voi per le generazioni eterne. Il mio arco pongo sulle nubi ed esso sarà il segno dell'alleanza tra me e la terra. Quando radunerò le nubi sulla terra e apparirà l'arco sulle nubi ricorderò la mia alleanza che è tra me e voi e tra ogni essere che vive in ogni carne e noi ci saranno più le acque per il diluvio, per distruggere ogni carne. L'arco sarà sulle nubi e io lo guarderò per ricordare l'alleanza eterna tra Dio e ogni essere che vive in ogni carne che è sulla terra».

Disse Dio a Noè: «Questo è il segno dell'alleanza che io ho stabilito tra me e ogni carne che è sulla terra».

Genesi 9,11-17

[31]   When one sees the rainbow one says: "Blessed be He who remembers His covenant" (not to send another deluge). According to R. Hiya, in the name of R. Yohanan, one must say: "Blessed be He who is faithful to His covenant and remembers it." R. Hiskia says, in the name of R. Jeremiah, that during the whole of R. Simon b. Yohai's* life not one rainbow was seen (on account of his virtues, which alone would have saved the world from another deluge).

*Shemoth rabba, section XXII.; Midrash on Psalm XCII.

M. Schwab [cura e traduzione di], *The Talmud of Jerusalem*, Williams and Norgate, London, 1886, Berakhoth 9:3

[32] Verso la metà del Novecento la Knesset ha approvato una legge che sancisce l'avvio del Lag b'Omer proprio con tale processione.

[33] Inglese, (in ebraico).

[34] [...] – estremamente affollato.

[35] Fatto! – [...] – ... e la tomba di rabbi Eleazar? [...]

E' all'altro lato della stessa sala... – [...]

Ok! Un'altra volta! Per ora mi basta... – [...]

[36] Annual bonfire holiday draws over 250,000 largely ultra-Orthodox Jews to burial site of ancient sage; [...] Hundreds of thousands of people flocked to Mount Meron in the northern Galilee Wednesday night for a festival of bonfires and prayers honouring the famed 2nd Century CE sage and mystic, Rabbi Shimon Bar Yochai.

T. Pileggi, *Hundreds of thousands flock to Galilee tomb for Lag B'Omer celebrations*, in «The Time of Israel», 3 Maggio 2018

[37] Biglietto, (in ebraico).

[38] «Non vi taglierete in tondo i capelli ai lati del capo, né deturperai ai lati la tua barba.»

Levitico 19:27

[39] Nessun biglietto, [questa è la] navetta per Gerusalemme, (*miscuglio* d'inglese ed ebraico).

Falesie. Cabo da Roca. Sintra (Colares) - Distretto di Lisbona - Portogallo

VIII Spunti per una *morfologia dell'ascensione*

La parola «morfologia» significa scienza delle forme. In botanica, per morfologia si intende lo studio delle componenti delle piante, del loro rapporto reciproco e nei confronti del tutto o, in altre parole, lo studio della struttura dei vegetali.

Ma è poco probabile che qualcuno abbia mai pensato alla «morfologia della fiaba», alla possibilità di un tale concetto.

E tuttavia, l'analisi delle forme della fiaba è possibile e con la medesima precisione con la quale viene elaborata la morfologia delle formazioni organiche[1].

V.J. PROPP

Non è avventato affermare che fra i motivi che spinsero Propp verso la *morfologia della fiaba* vi fosse, accanto al dichiarato intento disvelatorio delle funzioni narrative, quello di fornire un agile ed efficace metodo classificatorio.

Lo studioso russo asserisce che, nelle prime decadi del XX sec., «la letteratura scientifica riguardante la fiaba non è troppo ricca» per contro, parlando del *materiale fiabesco*, puntualizza che «non è affatto il caso di affermare [...] che il 'materiale raccolto è [sia] ancora insufficiente[2]».

Spalancamontagne, antagonista dell'eroe nella fiaba *Giovannino Senzapaura e la più bella dai capelli d'oro*.

Con il progredire degli studi sul folklore[3], si era, infatti, via via accumulata una mole impressionante di raccolte di fiabe. Di molte di esse erano altresì riportate le infinite varianti e declinazioni assunte negli anni nelle diverse regioni del mondo[4].

Una coesistenza, nella *fiaba di magia*, di forze centripete e centrifughe che, protratte nel tempo e distese nello spazio, agivano come perpetue forze modellatrici, al contempo creatrici e distruttrici, e allora, sull'orlo dell'abisso della contemporaneità, era forse il caso di dotarsi degli strumenti necessari per afferrarne l'essenza, per comprenderne la forma, prima di ritrovarsi in mano solo i frammenti indecifrabili di un'epoca perduta.

Trentuno *funzioni* ovvero, in buona sostanza, *azioni* compiute da non più di sette tipologie di *personaggi* sono gli ingredienti di questo *ricettario russo* alla base di ogni fiaba, da *mescolare* seguendo un ordine preciso: d'altronde... non si può certo *liberare* una principessa che non sia ancora stata *rapita*!

Dopo questa breve digressione fiabesca, se *osservo* distrattamente le cinque ascensioni descritte, come fossero graziosi souvenir di viaggio disposti su di una mensola, mi par di cogliere qualche tratto comune che va oltre l'ascesa, la visita di un santuario, la preghiera o la venerazione rivolta a un santo[5]. Eppure, se mi soffermo a studiarle con maggiore attenzione, queste somiglianze appena intuite svaniscono sotto l'invadenza di colori, suoni e sensazioni che la memoria mi ripropone senza posa.

Mi viene da pensare che, se provassi a elencare quegli *elementi* che, come i motivi di una trama, paiono ricorrere con maggiore evidenza in ogni singola ascensione, forse potrei chiarirmi un po' le idee e provare a ipotizzare la presenza di *temi* comuni volti a sorreggerne l'ordito[6].

Non mi resta che tentare.

Falò in via di spegnimento, la mattina del Lag b'Omer, sui tetti del santuario di Shimon bar Yochai. Meron - Galilea - Israele

FUOCO

Durante il Lag b'Omer uno dei momenti salienti della festa è rappresentato dalla rituale accensione dei falò sui tetti dei cenotafi di Shimon ed Eleazar. Nella stessa notte i sette colli su cui sorge la vicina Safed sono rallegrati da canti festosi e falò improvvisati.

Il primo giorno della Festa di santa Cristina si conclude con fiaccolate, falò e fuochi d'artificio. Nell'ascensione invernale al santuario era usuale affrontare la salita notturna alla luce delle torce. Anche l'ascesa al Croagh Patrick era compiuta allo stesso modo.

Nella Festa di fra Dolcino il fuoco è assente sebbene l'intera celebrazione sia incentrata sulla commemorazione del rogo dell'*eretico* piemontese e della compagna Margherita.

In occasione della Ziyarat, invece, le uniche fiamme visibili sono quelle delle centinaia di barbecue crepitanti nei giardini del santuario...

TRACCE

Su di una roccia, non lontana dal santuario lanzese, si troverebbe l'impronta lasciata da santa Cristina quando, ridiscesa in terra, soccorse un giovane pastore in difficoltà.

Anche Patrick lasciò un'orma sulla roccia nei pressi del vecchio cimitero di Clogher, non lontano dal Croagh Patrick. Sulla vetta i pellegrini si fermano in preghiera nei pressi del cosiddetto letto di san Patrizio, uno spiazzo pietroso sul quale il santo avrebbe dormito durante le quaranta notti trascorse sul monte. Le 365 isole dell'antistante Clew Bay non sarebbero altro che i frammenti di un'enorme campana scagliata dal santo dalla cima del Reek.

Pellegrini in preghiera al *Saint Patrick's Bed* sulla vetta del Croagh Patrick. Murrisk - Contea di Mayo - Irlanda

I devoti drusi venerano come una reliquia l'incavo presente su di una roccia accanto alla tomba di Shu'ayb nel quale riconoscono l'impronta del piede del profeta.

A Pei'kin, non lontano dal monte Meron si trova la grotta nella quale il Rashbi e il figlio Eleazar si sarebbero nascosti per ben tredici anni.

Più prosaicamente, sul monte Massaro, il moderno cippo di fra Dolcino, poggia sui resti dell'obelisco edificato nel 1907 e poi distrutto; sull'adiacente monte Rubello, recenti scavi archeologici hanno portato alla luce reperti riconducibili all'assedio crociato del 1307.

Particolarità orografiche

Il cono perfetto del Croagh Patrick si staglia isolato sui modesti rilievi che circondano Westport e si affaccia maestoso sulla scenografica Clew Bay a dispetto dei soli 764 metri d'altezza.

Il monte di santa Cristina, posto nel cuore delle valli di Lanzo, rappresenta il fronte meridionale del contrafforte che separa la val d'Ala dalla val Grande: la sua cima è visibile sin dalla pianura torinese, decine di chilometri a valle.

A nulla valse agli Apostolici arroccarsi sul gruppo del Rubello-Massaro, la propaggine più meridionale delle Alpi Pennine, avamposto naturale sulle Prealpi Biellesi e sulle baragge sottostanti: il freddo e la fame, poteron più degli assalti crociati e ne piegarono la fiera resistenza.

Shu'ayb scelse di trascorrere i suoi ultimi giorni in una grotta sulle pendici di un vulcano estinto. I suoi seguaci, decisi a rispettarne le ultime volontà, non ne traslarono il corpo ed edificarono in quel luogo remoto e inospitale un primo sepolcro che, ampliato e rimodellato nel corso di più di tre millenni, è giunto sino a noi nelle forme del presente santuario.

Il Croagh Patrick, con la cima perennemente incappucciata da spesse nubi, visto da Westport - Contea di Mayo - Irlanda

Non troppo distanti dal luogo sacro druso, le modeste ondulazioni della catena del Meron rappresentano i più elevati rilievi israeliani[7]. Sulla sommità del monte omonimo vi sono i resti di un'antica sinagoga[8]: credenza popolare voleva che quando fosse crollato anche l'ultimo architrave ancora *in piedi* sarebbe infine giunto il Messia. Difficile descrivere la delusione dei fedeli una volta appreso dei massicci interventi di restauro operati, negli anni '60, dal Dipartimento delle antichità e dei musei d'Israele per scongiurarne il crollo...

OGGETTI, SIMBOLI, EFFIGI...

Durante la Festa di fra Dolcino, la cui memoria è onorata dallo sventolio di decine di bandiere, non passa inosservato uno strano *ready-made*, uno scarpone abbinato a un falcetto, simbolo delle lotte combattute dal predicatore montanaro per i diritti di deboli e oppressi, rappresentati in quell'epoca dalle nutrite schiere di poveri contadini.

Lo scrigno della torah è il fulcro delle celebrazioni di Safed che precedono l'avvio della festa del Lag b'Omer. A Meron i bambini giocano con archi e frecce per ricordare come la santità di Shimon non abbia consentito ad alcun arcobaleno di manifestarsi durante tutto il corso della sua vita[9].

Il giorno seguente l'ascesa al monte di santa Cristina, l'imponente statua lignea della martire, sorretta da otto portantini, viene portata in processione compiendo una circumambulazione attorno alla chiesa parrocchiale di Cantoira...

CIRCUMAMBULAZIONI RITUALI E PROCESSIONI

Il primo giorno di celebrazioni dedicato alla santa di Bolsena si conclude con una circumambulazione processionale attorno al santuario, alla luce delle candele. Come già accennato, nel secondo giorno la comunità dei fedeli segue l'effige della santa in un'analoga processione diurna.

Quasi a voler perpetuare la consuetudine celtica della circumambulazione rituale[10] attorno ai cosiddetti pozzi santi, durante l'ascesa al Croagh Patrick, molti pellegrini attuano un complesso pattern rituale[11] fatto, contestualmente, di circumambulazioni[12, 13] e preghiere attorno alle *stazioni* principali, sorta di «costruzione dello spazio sacro[14]» in un ambiente perlopiù privo di alcuna simbologia religiosa se si eccettuano la statua del santo all'inizio del sentiero e il modesto oratorio sulla cima del monte.

Durante la festa del Lag b'Omer, a Meron, dopo l'accensione dei falò, non è infrequente osservare devoti ballare in cerchio. Anche i pellegrini drusi se ne hanno l'occasione si producono in evoluzioni simili[15]. A Safed, per svariate ore, la torah della famiglia Abbo viene portata in processione da centinaia di fedeli lungo le intricate vie del centro storico.

La salita al monte Massaro, causa lo stretto sentiero, si trasforma in una sorta di corteo *in fila indiana*, quasi una *processione laica*.

Devoto scalzo alle prese con la discesa dal Reek. Murrisk Contea di Mayo - Irlanda

FATICA E SOFFERENZA

Un tempo, le decine di migliaia di fedeli diretti a Meron per l'Hillula di Shimon bar Yochai, raggiungevano il sepolcro del maestro a piedi percorrendo un lungo e disagevole sentiero che partiva dalla vicina Safed. Oggi si arriva nei pressi del moshav con bus e navette e l'ascesa al santuario è una semplice e breve camminata su comode strade asfaltate.

Al santuario dedicato al profeta druso Shu'ayb si giunge direttamente in auto: gli unici passi da compiere sono quelli sui gradini dell'ampia scalinata che conduce al sepolcro posto nel luogo più alto del complesso.

Anche a Bocchetta di Margosio si arriva in auto e l'ascensione al cippo di fra Dolcino non comporta alcuna difficoltà.

Tutt'altra cosa è l'ascesa al Reek, dove non esiste un vero e proprio sentiero e i devoti arrancano su di un'incoerente pietraia lungo crinali erosi dalla massiccia frequentazione antropica. Un tempo, molti pellegrini affrontavano la salita scalzi, taluni avanzando in ginocchio...[16] La fatica, quando non la sofferenza, è parte integrante di quest'ascensione devozionale, che da molti viene compiuta osservando contestualmente un periodo di digiuno rituale. Una minoranza si sobbarca una marcia di più di trenta chilometri partendo, al tramonto del sabato, dall'abbazia di Ballintubber.

Sebbene sia indicata come meta adatta a semplici escursionisti, raggiungere la vetta del monte di santa Cristina non è un'impresa scontata e comporta un minimo di preparazione e buona forma fisica. In passato, i 365 gradini con i quali si conclude il sentiero per il santuario venivano affrontati in ginocchio.

NUMERI

Rabbi Shimon e Rabbi Eleazar stettero nascosti *dodici* anni nella grotta di Peki'in. Ammoniti da una voce celeste vi dovettero tornare e restare per altri *dodici* mesi prima di poterne uscire definitivamente.

Della *precisa serie* di circumambulazioni e preghiere da attuare durante l'ascesa al Reek si è già detto in precedenza, come anche dei *quaranta* giorni trascorsi sulla vetta del monte, digiunando e pregando, dal vescovo Patrick. Anche il numero delle isole della Clew Bay, pari a *365*, non è casuale...

Anche i gradini che conducono al santuario lanzese sono convenzionalmente *365* sebbene, nel tempo, numerosi rimaneggiamenti del sentiero ne abbiano alterato il numero originale.

INDUMENTI

I devoti drusi colgono l'occasione della Ziyarat per riaffermare la propria specificità etnoreligiosa vestendo gli abiti tradizionali.

Durante la parata della

Bambine vestono abiti ispirati alla *tradizione*.
Festa di santa Cristina. Cantoira - Città Metropolitana di Torino - Italia

torah a Safed non si scorge alcun haredim, li si ritrova *tutti* a Meron con gli abiti e i copricapi che vestono quotidianamente e che ne denotano l'appartenenza ad una specifica declinazione dell'ebraismo osservante.

Portantini e priori della Festa di santa Cristina sfoggiano *tradizionali* indumenti valligiani.

Molti devoti irlandesi marciano aiutandosi con un bordone, taluni privi di calzature.

MUSICA, CANTI E DANZE

A Safed, nel cortile di casa Abbo, terminati i discorsi ufficiali si balla in cerchio al suono di uno dei molti inni dedicati a Shimon bar Yochai sulla musica della banda da giro. Gli stessi musicanti allietano per ore la processione al seguito della torah. Quando si scorgono le prime fiamme alzarsi dalla massa di panni imbevuti di olio infiammabile sulla cupola blu del santuario di Meron le migliaia di devoti si abbandonano, per ore, a balli, canti e salti sfrenati.

Terminato il culto evangelico, condotto e animato dalla pastora, grazie agli accordi tratti da una semplice chitarra, il cantautore Daniele Poli nella veste di appassionato cantastorie inframmezza gli interventi degli oratori della festa biellese con brani ispirati a fra Dolcino e Davide Lazzaretti. Canti anarchici e operai vengono intonati attorno al cippo sul monte Massaro.

Un coro di montagna guida i fedeli durante l'esecuzione degli inni nella messa al santuario di santa Cristina. Come a Safed, anche a Cantoira una banda musicale accompagna i processionanti sebbene per un percorso e un tempo assai più brevi. Dopo le *fatiche* della Festa, portantini e priori si concedono qualche vorticoso passo di un'allegra courenta.

Courenta. Festa di santa Cristina. Cantoira.
Città Metropolitana di Torino - Italia

Dopo aver consumato il pane eucaristico, sulla vetta del monte di santa Cristina ha luogo un inconsueto picnic collettivo che coinvolge centinaia di persone. I rettori e i priori si occupano di rifornire i devoti di una buona razione di polenta in cambio di un'offerta per il mantenimento del santuario. La maggior parte dei beni posti all'incanto è rappresentata da tome, mocette e torcetti...

Anche la Festa di fra Dolcino si conclude con un allegro pranzo comune in una struttura ricettiva nei pressi della Bocchetta di Margosio.

Imponenti picnic collettivi caratterizzano i quattro giorni delle celebrazioni presso i Corni di Hittin: ampie tavolate, imbandite su tovaglie cerate, accolgono considerevoli quantità di cibo, costantemente rimpinguate da quanto abilmente cotto in appositi barbecue.

A Safed la famiglia Abbo si prodiga nel fornire ai devoti cibo e refrigerio. Durante la parata, i negozianti che hanno *bottega* lungo il percorso offrono ai processionanti cibo e bevande. A Meron sono innumerevoli i punti di ristoro gratuiti per le decine di migliaia di pellegrini. Molti dei convenuti trascorrono la giornata organizzando tranquilli picnic famigliari. Per ricordare il prodigioso carrubo sorto nei pressi della grotta di Peki'in è consuetudine, quel giorno, consumarne i dolci frutti.

In occasione della Reek Sunday il cibo non è una priorità. Molti devoti affrontano l'ascesa a digiuno. I meno osservanti o i più infreddoliti possono comunque contare su di un'abbondante razione di zuppa o tè bollente, distribuiti sulla vetta del Croagh Patrick per pochi euro...

Epilogo

Non sarà sfuggito a quanti hanno avuto la costanza (oltre a discutibili gusti letterari) di giungere sino a queste ultime pagine, che alcuni temi sono stati appena accennati mentre di altri si è tentata una disanima un minimo più attenta, nulla più di qualche spunto, comunque.

Ma, giunto a questo punto, sono ormai pago e lascio ad altri l'onere di scovarne di nuovi e provare ad associarne significati, cosa che, come si può facilmente osservare, mi sono accuratamente astenuto dal fare...

Having thus answered the only objection that can ever be raised against me as a traveler, I here take a final leave of all my courteous readers, and return to enjoy my own speculations in my little garden at Redriff; to apply those excellent lessons of virtue, wich I learned among the Houyhnhnms...[17]

Colares (Sintra), fine estate 2018

[1] V.J. Propp, *Morfologia della fiaba - Le radici storiche dei racconti di magia*, Newton Compton, Roma, 2003, p. 11

[2] *Ivi*, pp. 13-14

[3] Nel 1910, A. Aarne pubblica *Verzeichnis der Märchentypen* che ampliato e implementato da S. Thompson (*The Types of the Folktale*, 1925) sarà alla base del sistema di classificazione *Aarne-Thompson*, criticato da Propp stesso.

[4] La prima stesura delle *Kinder- und Haus-Märchen* dei fratelli Grimm è del 1812, la raccolta delle *Histoires ou contes du temps passé, avec des moralités*, (evoluzione delle precedenti *Contes de ma mère l'Oye*) di Perrault è del 1697...

[5] Considero implicitamente insite nell'*ascensione* le caratteristiche che permeano la *festa religiosa* (come l'essere un'espressione e una modalità di conservazione di una specifica identità, una possibile forma recente di altre più antiche o un esempio d'interruzione dei ritmi del tempo ordinario, dove sperimentare anche una certa *mitigazione* delle eventuali disparità sociali[*]...) e il *pellegrinaggio* (che può rappresentare un percorso di *purificazione*, attraverso la fatica e la sofferenza, un *cammino* nel proprio *paesaggio interiore* o essere la *semplice* occasione per manifestare una devozione e adempiere a un voto, finanche sperimentare un certo grado di alterità...), in costante equilibrio fra dimensione collettiva e individuale.

> [*] Parlando del pellegrinaggio nella religione induista, Pelissero afferma:
>
> > Un'altra caratteristica importante della disposizione interiore del pellegrino è la serena accettazione dell'allentamento dei vincoli della segregazione castale. Nel corso del viaggio e nel sito sacro i legami comunitari si rafforzano, perché per tacita consuetudine i pellegrini si radunano in folle multicolori in occasione dei raduni di massa (come il *kumbhamela*), nel corso dei quali la promiscuità è inevitabile e ci si spinge fino alla coabitazione e alla condivisione dei pasti in comune, senza che sia più incombente l'ossessiva volontà di evitare reciproche contaminazioni tra gruppi che dovrebbero restare separati.
>
> A. Pelissero, *Hinduismo*, La Scuola, Brescia, 2013, p. 61

[6] Prendendo quindi semplice ispirazione dalle *funzioni proppiane* e osservando le ascensioni descritte etnograficamente proverò, a mo' d'esempio, ad elencare alcuni temi cui sia possibile attribuire una certa *rilevanza* sulla base della ricorrenza di quegli elementi ad essi riconducibili, tralasciando (per il momento) quelli che, ad uno sguardo superficiale, possono apparire come semplicemente esornativi. Anche queste ultime considerazioni non sfuggiranno alla tara dell'*arbitrarietà*, che appesantisce buona parte del saggio, evidente già a partire dalla *tipizzazione* di una forma di pellegrinaggio (l'*ascensione devozionale*, appunto) e che permea, via via, la scelta delle ascensioni studiate sino alla pretesa di riconoscere in esse la presenza di *temi* significativi.

[7] Dopo la *guerra dei sei giorni* e la conseguente annessione unilaterale della regione del Golan, l'Hermon è *de facto* il monte più alto d'Israele sebbene, *de iure*, appartenga ancora alla Siria.

[8] Si veda l'immagine di pagina 93 (alto).

[9] Si vedano le note 30 e 32 di pag. 118

> [10] Irish holy wells (*toibreacha beannaithe*) have endured as sites of religious devotion through the millennia although the names and perceptions of the supernatural have evolved, and wellside folk liturgies have been alternately encouraged or repressed. Most commonly a spring (but sometimes an entire lake or even a hollow in a rock or tree where dew and rain collects), a holy well is often dedicated to a saint and can possess miracolous healing qualities.

C. Ray, *The sacred and the body politic at Ireland's holy wells*, in «International Social Science Journal», Volume 62, Issue 205-206, September-December 2011, p. 271

Sull'argomento: M.P. Carroll, *Irish Pilgrimage: Holy Wells and Popular Catholic Devotion*, Johns Hopkins University Press, Baltimore ,1999, pp57-58 e R. Foley, *Small health pilgrimages: Place and practice at the holy well*, in «Culture and Religion: An Interdisciplinary Journal», 2013

[11] Tanto da giustificare l'appellativo *Pattern Day* col quale è anche nota la Reek Sunday. Si veda, in merito, la nota 30 di pagina 54.

[12] *Rounding Rituals* in inglese o *Turas* in gaelico irlandese.

[13] Pratica comune a molte tradizioni religiose trova nel brano biblico della *conquista di Gerico* un celebre precedente:

> Giosuè, figlio di Nun, convocò i sacerdoti e disse loro: «Portate l'arca dell'alleanza; sette sacerdoti portino sette trombe di corno d'ariete davanti all'arca del Signore». Disse al popolo: «Mettetevi in marcia e girate intorno alla città e il gruppo armato passi davanti all'arca del Signore». Come Giosuè ebbe parlato al popolo, i sette sacerdoti, che portavano le sette trombe d'ariete davanti al Signore, si mossero e suonarono le trombe, mentre l'arca dell'alleanza del Signore li seguiva; l'avanguardia precedeva i sacerdoti che suonavano le trombe e la retroguardia seguiva l'arca; si procedeva a suon di tromba. Al popolo Giosuè aveva ordinato: «Non urlate, non fate neppur sentire la voce e non una parola esca dalla vostra bocca finché vi dirò: Lanciate il grido di guerra, allora griderete». L'arca del Signore girò intorno alla città facendo il circuito una volta, poi tornarono nell'accampamento e passarono la notte nell'accampamento.

> Di buon mattino Giosuè si alzò e i sacerdoti portarono l'arca del Signore; i sette sacerdoti, che portavano le sette trombe di ariete davanti all'arca del Signore, avanzavano suonando le trombe; l'avanguardia li precedeva e la retroguardia seguiva l'arca del Signore; si marciava a suon di tromba. Girarono intorno alla città, il secondo giorno, una volta e tornarono poi all'accampamento. Così fecero per sei giorni.

> Al settimo giorno essi si alzarono al sorgere dell'aurora e girarono intorno alla città in questo modo per sette volte; soltanto in quel giorno fecero sette volte il giro intorno alla città. Alla settima volta i sacerdoti diedero fiato alle trombe e Giosuè disse al popolo: «Lanciate il grido di guerra perché il Signore mette in vostro potere la città.

> La città con quanto vi è in essa sarà votata allo sterminio per il Signore; soltanto Raab, la prostituta, vivrà e chiunque è con lei nella casa, perché ha nascosto i messaggeri che noi avevamo inviati. Solo guardatevi da ciò che è votato allo sterminio, perché, mentre eseguite la distruzione, non prendiate qualche cosa di ciò che è votato allo sterminio e rendiate così votato allo sterminio l'accampamento di Israele e gli portiate disgrazia. Tutto l'argento, l'oro e gli oggetti di rame e di ferro sono cosa sacra per il Signore, devono entrare nel tesoro del Signore». Allora il popolo lanciò il grido di guerra e si suonarono le trombe. Come il popolo udì il suono della tromba ed ebbe lanciato un grande grido di guerra, le mura della città crollarono; il popolo allora salì verso la città, ciascuno diritto davanti a sé, e occuparono la città. Votarono poi allo sterminio, passando a fil di spada, ogni essere che era nella città, dall'uomo alla donna, dal giovane al vecchio, e perfino il bue, l'ariete e l'asino.

Giosuè 6,13-27

[14] M. Eliade, *Trattato di storia delle religioni*, Boringhieri, Torino, 1976, pp. 205-207

[15] Si veda l'immagine di pagina 80.

[16] Si veda la nota 21 di pagina 53.

[17]
> Avendo così risposto all'unica obiezione che mi può essere mossa come viaggiatore, prendo qui congedo definitivo dal mio cortese lettore e ritorno a bearmi nelle mie meditazioni nel mio giardinetto di Redriff, per mettere in pratica quelle eccellenti lezioni di virtù imparate tra gli Houyhnhnm...

J. [o 'Dean'] Swift, *I viaggi di Gulliver*, (*Gulliver's Travels*, J. Wanamaker, Philadelphia - New York, 1800, p. 352, trad. it. R. Ferrari), Istituto Geografico de Agostini, Novara, 1964, p. 425

Bibliografia

Abarbanel Y., *Nachlat Avot*, D. e S. Ibn Nachmias e Y. Kaspote, Constantinople, 1505, 8:3

Alighieri D., *La Divina Commedia*, Tip. dell'Oratorio di S. Francesco di Sales, Torino, 1872-1873, vol. I pp. 237-238, vol. III p. 119

Angelus Fr., O.M.Cap., *Croagh Patrick*, in «St Joseph Lilies [College] [Toronto], March 1938», vol. XXVII, n. I, 1938, pp.191-192

Ansted D.T., *Geology, introductory, descriptive, & practical*, vol. III, J. van Voorst, London, 1844, p. 20

Asher A. [cura e traduzione di], *The Itinerary of Rabbi Benjamin of Tudela*, A. Asher & Co., London-Berlin, 1840, p. 82

Bertolotto C., Massara G.G., *Presenze pittoriche rinascimentali nelle valli di Lanzo. Cicli di affreschi a Lemie*, Società Storica delle Valli di Lanzo, Lanzo Torinese, 2015

Bourassé J.-J., *La Terre-Sainte. Voyage dans l'Arabie Pétrée, la Judée, la Samarie, la Galilée et la Syrie*, A. Mame et C., Tours, 1860, p. 395, pp. 405-406

Brewer J.A., Horne C.F., *The Bible and its Story*, F.R. Niglutsch, New York, 1908

Buratti G., Mornese C., *Maledetto Fra Dolcino! Storia di una memoria scandalosa. I documenti della polemica tra clericali e anticlericali per l'obelisco del 1907*, Lampi di stampa, Milano, 2007, pp. 15-16

Burns S., *Boy (10) among 13 rescued from Croagh Patrick climb in Mayo. Thousands climb mountain despite strong wind and rain*, in «The Irish Times», 30 Luglio 2017

Cantù C., *Documenti per la storia universale, schiarimenti e note*, vol. IV, G. Pomba e C. Editori, Torino, 1842, pp. 514-515

Cardini F., *Introduzione*, in Trezzini A. [a cura di], *San Pellegrino tra mito e storia. I luoghi di culto in Europa*, Gangemi Editore, Roma, 2009, p. 18

Carroll M.P., *Irish Pilgrimage: Holy Wells and Popular Catholic Devotion*, Johns Hopkins University Press, Baltimore ,1999, pp57-58

Comay J, Meir G., Pearlman M., *Israel*, Macmillan, New York, 1964, p. 197

Dana N., *The Druze in the Middle East: Their Faith, Leadership, Identity and Status*, Sussex Academic Press, Eastbourne, 2003, p. 28

Dawson A., *The Hewitts and Marilyns of England*, TACit Press, Cambuskenneth, Stirling, 1997

De Rossi G.B., *Il sepolcro della martire Cristina in Bolsena ed il suo cimitero*, in De Rossi G.B. [a cura di] *Bullettino di archeologia cristiana*, (serie terza – anno quinto), voll. III-IV, Salviucci, Roma, 1880, pp. 134-142

Eliade M., *Immagini e simboli*, Jaca Book, Milano, 2015

--------, Sullivan L.E., *Ierofania*, in Eliade M. [a cura di], *Enciclopedia delle religioni*, vol. IV, Marzorati-Jaca Book, Milano, 1997, pp. 312-316

--------, *Trattato di storia delle religioni*, Boringhieri, Torino, 1976, pp. 205-207

Estourmel J. d', *Journal d'un voyage en Orient*, I, Imprimerie de Crapelet, Paris, 1844, pp. 370-371

Eusebius of Caesarea, Cushing Richardson E. [traduzione e note di], *The Life of Constantine (the Great)*, in Schaff P. e Wace H. [a cura di], *Select Library of The Nicene and Post-Nicene Fathers of The Christian Church*, vol. I, Christian Literature Company, New York, 1890-1900, pp. 726-727, p. 956

Favaro O., *Storia della comunità e della parrocchia di Cantoira*, Società Storica delle Valli di Lanzo, Lanzo Torinese, 2007

Firro K., *The Druzes in the Jewish state: a brief history*, E.J. Brill, Leiden, 1999, pp. 94-96, p. 237

--------, *A History of the Druzes*, E.J. Brill, Leiden, 1992, p. 315

Fo D., Rame F. [a cura di], *Teatro*, Milano, Einaudi, 2000, p. 425

Foley R., *Small health pilgrimages: Place and practice at the holy well*, in «Culture and Religion: An Interdisciplinary Journal», 2013

Gannon C., *Westport gears up for influx of Reek Sunday pilgrims*, in «Mayo Advertiser», 28 Luglio 2017

Gerrans B. [cura e traduzione in inglese dall'originale in lingua ebraica di Benjamín de Tudela], *Travels of Rabbi Benjamin, son of Jonah, of Tudela: trough Europe, Asia and Africa; from the ancient Kingdom of Navarra to the frontiers of China*, "entered at Stationers Hall" [ovvero The Stationers' Company], London, 1784, pp. 65-66

Goldman A.L., Kessary O., *The Burning Bush*, Karni Publishers, Tel Aviv, 1957, p. 54

Gori P., *Addio a Lugano*, in C. Frigerio [a cura di], *Il canzoniere dei ribelli*, International Printing House, London, 1899

Herberich-Marx G., Raphaèl F., *I pellegrinaggi*, in Lenoir F., Tardan-Masquelier Y. [a cura di], *La religione*, vol. IV, UTET, Torino, 2001, pp. 405-411

Hirsh F., Rosenfeld A., *The Cretaceous of Israel*, in Hall J.K., Krasheninnikov V.A., Hirsch F., Benjamini C., Flexer A. [a cura di], *Geological framework of the Levant. volume II: The Levantine Basin and Israel*, Historical Productions-Hall, Jerusalem, 2005, p. 412

Hodgson M.G.S., *Al-Darazî and Ḥamza in the Origin of the Druze Religion*, «Journal of the American Oriental Society», vol. 82, n. 1, 1962, pp. 5-20

Horowitz A., *The quaternary evolution of the Jordan Valley*, in Serruya C. [a cura di], *Lake Kinneret*, W. Junk Publishers, l'Aia-Boston-London, 1978, p. 33

Hurn D., *The daughters of Keturah*, in «The Testimony», n. 3, 2006, p. 80

Hyde D., *Leabhar sgeulaigheachta, cruinnighthe agus curtha le chle*, s.e., Dublin, 1889, p. 97, pp. 264-267

--------, [cura e traduzione di], *Legends of Saints and Sinners*, The Gresham Publishing Company Ltd., London-Dublin-Belfast, s.d.

Jacobus de Voragine [o da Varagine o da Varazze], Caxton W. [cura e traduzione di], *The Golden Legend (or Lives of the Saints as Englished by William Caxton)*, J.M. Dent & Sons, London, 1900, vol. III p. 171, vol. IV pp. 93-97

Kathir I. ibn; Geme'ah, Al-Azhar M.M. [traduzione di], *Stories of the Prophets*, Darrusalam, Riyadh, s.d, pp. 65-66

Kohler K., Seligsohn M., *Simeon Ben Yohai*, in (*The*) *Jewish Encyclopedia*, vol. XI, Funk and Wagnalls, New York - London, 1901, pp. 359-363

Lally-Tol[l]endal T.-G. de, *Niall*, in Aa. Vv., *Biografia Universale Antica e Moderna*, vol. XL, Gio. Battista Missiaglia, Venezia, 1827, p. 370

Lattanzi V., *La circumambulazione rituale*, in Lombardozzi A. e Mariotti L. [a cura di], *Antropologia e dinamica culturale*, Liguori, Napoli, 2008, pp. 47-68

Leopardi G., *I canti*, U. Hoepli, Milano, 1900, p. 139

Luther M.; Niccolini G. [traduzione di], *Forte rocca [è il nostro Dio]*, in Testa L., Pirazzini A [a cura di]., *Nuovo innario evangelico: raccolta d'inni e cantici sacri con melodie*, American Tract Society/Società Americana dei Trattati, New York, 1907, pp. 30-31

--------, *Ein' feste Burg ist unser Gott*, in Barthel M.C. in trust for the German Evangelical Lutheran Synod of Missouri, Ohio and other States, in the Clerk's Office of the Eastern District of Missouri [a cura di], *Kirchen-Gesangbuch für Evangelisch-Lutherische Gemeinden ungeänderter Augsburgischer Confession*, Lutherischer Concordia-Verlag, Saint Louis, 1888, p. 104

MacNeill M., *The Festival of Lughnasa*, voll. I-II, Comhairle Bhealoideas Eireann, Dublin, 1982, p. 515

Martina S., *Giovannino Senzapaura e la più bella dai capelli d'oro*, (Createspace), Scotts Valley, 2015

Matt D.C. [a cura di], *Zohar, the book of enlightenment*, Paulist Press, New York, 1983, pp. 182-189

Mayeur-Jaquen C., *I pellegrinaggi musulmani*, in Lenoir F., Tardan-Masquelier Y. [a cura di], *La religione*, vol. IV, UTET, Torino, 2001, pp. 415-420

Meotti G., *Israele. L'ultimo stato europeo*, Rubbettino, Soveria Mannelli, 2018

Monagan P. [a cura di], *The Encyclopedia of Celtic Mythology and Folklore*, Facts On File, Inc., New York, 2004, p. 104, p. 376, (p. 405, pp. 428-430, pp. 471-472)

Moscini M., *Cristina di Bolsena. Culto e iconografia*, Agnesotti, Viterbo, 1986, pp. 103-104

Murphy M., *Some Western Productions of* At the Hawk's Well, *with a Mythological Footnote*, in Liebregts P., Kamp P. van de [a cura di], *Tumult of Images: Essays on Yeats and Politics (The Literature of Politics, the Politics of Literature - Proceedings of the Leiden ISAIL conference)*, vol. III, Editions [Brill] Rodopi B.V., Amsterdam-Atlanta, 1995, pp. 83-84

Neusner J. [cura e traduzione di], *The Babylonian Talmud*, Hendrickson Publishers Inc, Peabody, 2011, Me'ilah 17b, Shabbath 33b

Nozzolini M.T., *Martirio di santa Cristina vergine*, Stamperia di Zanobi Pignoni, Firenze, 1628, p. 57

O'Farrell J., *The Life of Saint Patrick*, J.P. Kenedy & Sons, New York, s.d., pp. 35-38, pp. 153-154

Oz A., *Tocca l'acqua, tocca il vento*, (ברוח לגעת במים לגעת, Am Oved, Tel Aviv, 1973; trad. it. di Loewenthal E.), Feltrinelli, Milano, 2017

Pelissero A., *Hinduismo*, La Scuola, Brescia, 2013, p. 61

Pileggi T., *Hundreds of thousands flock to Galilee tomb for Lag B'Omer celebrations*, in «The Time of Israel», 3 Maggio 2018

Propp V.J., *Morfologia della fiaba - Le radici storiche dei racconti di magia*, Newton Compton, Roma, 2003, p. 11, pp. 13-14

Qumsiyeh M.B., *Mammals of the Holy Land*, Texas Tech University Press, 1996, p. 53

Raffalovich I., Sachs M.E., מראה ארץ ישראל והמושבות, Frankfurt am Main, s.e., 1899

Ray C., *The sacred and the body politic at Ireland's holy wells*, in «International Social Science Journal», Volume 62, Issue 205-206, September-December 2011, p. 271

Robetto A., *Santa Cristina*, in «Lou bouletìn ëd Sérëss», Giugno 2013, pp. 20-21

--------, *Leggende intorno al santuario di santa Cristina*, in «Lou bouletìn ëd Sérëss», Febbraio 2012, p. 27

Sacy S. de, *Exposé de la religion des Druzes*, Imprimerie Royale, Paris, 1838, p. V

Schwab M. [cura e traduzione di], *The Talmud of Jerusalem*, Williams and Norgate, London, 1886, Berakhoth 9:3

Segarizzi A. [a cura di], *Historia fratris Dulcini heresiarche*, di Anonimo sincrono, e *De secta illorum qui se dicunt esse de ordine Apostolorum*, di B. Gui, in Muratori L.A., [e in seguito], Carducci G., Fiorini V. e Pietro F. [a cura di], *Rerum italicarum scriptores: raccolta degli storici italiani dal cinquecento al millecinquecento*, tomo IX, parte V, S. Lapi, Città di Castello, 1907

Serruya C., *Geography*, in Serruya C. [a cura di], *Lake Kinneret*, W. Junk Publishers, Den Haag-Boston-London, 1978, pp. 7-10

Sismonda A., *Osservazioni geologiche e mineralogiche [per servire alla formazione della Carta geologica del Piemonte] sopra i monti posti tra la valle d'Aosta e quella di Susa in Piemonte [letta nell'adunanza accademica del 23 Aprile 1837]*, in Aa. Vv., *Memorie della Reale Accademia delle Scienze di Torino*, serie seconda, vol. I, Stamperia Reale, Torino, 1839, pp. 27-28

Società italiana per la ricerca dei papiri greci e latini in Egitto [a cura di], *Papiri greci e latini*, I, n^i. 1-112, Ariani, 1912, Firenze, pp. 57-59

Spineto N., *La festa*, Laterza, Roma, 2015

--------, *Le ierofanie*, in Lenoir F., Tardan-Masquelier Y. [a cura di], *La religione*, vol. IV, UTET, Torino, 2001, pp. 181-184

Stephan S.H. [cura e traduzione di], Mayer L.A. [note di], *Evliya Tshelebi's Travels in Palestine*, vol. II, in «The Quarterly of the Department of Antiquities in Palestine», n. 4, 1935, pp. 154-155

Swift J. [o 'Dean'], *I viaggi di Gulliver*, (*Gulliver's Travels*, J. Wanamaker, Philadelphia - New York, 1800, p. 352, trad. it. Ferrari R.), Istituto Geografico de Agostini, Novara, 1964, p. 425

Thackeray W.M., *The Irish Sketch-Book (of 1842)*, Charles Scribner's Sons, New York, 1911, p. 300

Treves A., *Mille anni di separazione*, in «Ha Keillah», n. 215, 2016, p. 9

Turri E., *Antropologia del paesaggio*, Marsilio Editori, Venezia, 2008

Vilnay Z., *Legends of Palestine*, The Jewish Publication Society's Press, Philadelphia, 1932, pp. 328-329, pp. 391-392, pp. 401-402

Waugh E., *Helena*, Penguin Books, London, 2012, (Preface)

Wilkey J. [a cura di], *The Encyclopaedia Londinensis or Universal Dictionary of Arts, Sciences and Literature*, vol. XIV, J. Adlard, London, 1816, p. 579

Wilson W.R., *Travels in Egypt and the Holy Land*, Longman, Hurst, Rees, Orme, Brown, and Green, London, 1824, pp. 221-222

Wodehouse P.G., *Aria di tempesta*, (*Heavy Weather*, H. Jenkins, London, 1933, p. 22, trad. it. L. Spagnol), U. Guanda, Parma, 1990, p. 37

SITI CONSULTATI

https://eefc.org/post-folklorista/shared-shrines-in-macedonia/

https://en.wikipedia.org/wiki/Reek_Sunday

http://www.palestineremembered.com/Tiberias/Hittin/

https://www.raiplayradio.it/programmi/cultoevangelico/archivio/puntate/

http://www.westportparish.ie/croagh-patrick/stations-of-the-reek